돌고 돌아, 돌아오는 봄처럼
흐르고 흘러 네게로 돌아가는 길, 있다면 좋겠다

사계의 흔적

정완식
두 번째 시집

겨울, 가을, 여름 그리고 돌고 돌아 봄

동력 바퀴의 후진기어처럼

거꾸로 가는 계절,

거꾸로 흐르는 강물 있다면 좋겠다

거꾸로 흐르고 흘러

네게로 돌아가는,

그런 길 있다면 좋겠다

지금은 많이 늦어버려

좁혀지지 않는 간격을 사이에 두고

너무나도 어긋나버린 별 줄기들

사람이 만드는 것, 뒤돌기도 한다는데

너를 떠나보냈던 길

네가 남겨 놓았던 표정

우리가 함께 보냈던 시간

아무리 뒤돌아 뛰어도 찾을 수 없고

덩그러니 남겨진 헛헛함만 젖은 찬바람에 홀연히 씻기어 간다

봄은 다시 못 올 추억으로 스러지고

여름은 불타는 노을로 타버리고

가을은 쓸쓸한 바람으로 스치고

겨울은 영원히 머무는 침묵으로 잠들고

무심한 시간은 깨어나면 허망한 꿈처럼 흐르나니

시간의 굴레를 벗어난 생각이라면

차라리, 뒤죽박죽인 채로 남겨도 좋았으리

모진 비바람과 거센 눈보라가 훑고 간 뒤에는 여지없이 가을꽃이 피고 봄꽃이 태어났다.
　책상 위의 작은 지구본을 사정없이 돌릴 때처럼, 세상살이 살아가는 일도 어지럽고 정신없었으며, "이 또한 지나가리라"는 잠언처럼 평범하게 사는 삶도 때로는 기다리는 시간이 좀 길어지기도 했지만, 언제 그랬냐는 듯 다시 제자리로 되돌아오곤 했다.
　그런 삶이 반복되다 보니 장돌림 같은 무지하고 정처 없는 나그네 인생도 이제는 조금은 알 듯하다. 참고 견디다 보면 가끔은 좋은 날이 오기도 한다는 것을.

　첫 번째 시집을 낸 지 벌써 3년 여의 시간이 흘렀다. 아무것도 모른 채 타인의 말에 이끌려 멋과 힘만 잔뜩 들어간 무지한 시들을 엮어 만든 시집을 몇몇 지인들은 그래도 좋아라 반기며 읽어주고 격려도 해주었다. 부끄럽고 미안했지만 따뜻했다. 고마웠다.
　아직 부족하고 거칠고 그냥 저 혼자만의 세계에 갇혀 제 잘난 맛에 쓴 시들이 대부분이지만, 두 번째 시집이랍시고 다시 엉성한 새끼줄을 꼬듯 시들을 엮고 있는 것은 어쩌면 그들의 따뜻했던 시선이 그리워졌기 때문일 것이다.

 매년 다시 돌아오는 봄이라는 따스한 계절도, 지나버린 그때의 봄이 아니듯, 비록 그들의 시선 또한 바뀌고 변할 수밖에 없겠지만, 적어도 내 기억 속에 남아있는 그 봄은 흐릿해졌어도 지워지지 않는, 따뜻한 고향과도 같았기에 되돌아가고 싶었다. 아니, 가능한 일이 아닌 줄 알면서도 뜻하지 않은 병을 앓게 되고, 수술하고, 후유증을 겪게 되면서 그동안 지나온 삶이라는 굴레를, 과거라는 궤적을 다시 되돌아보게 되면서 그때의 그 시절, 그때의 그 추억을 다시 찾고 싶었다고 해야 할 것이다.

 이 시집에 실리는 시는 지난 1년여간 개설 운영했던, 밴드에 게재하였던 시들을 모아서 엮은 것들이다. 보잘것없는 시를 따뜻한 시선으로 바라봐준 그 밴드의 벗들이 있었기에 쓰게 되고 또 이렇게 시집으로 엮을 수 있기에 새삼 고맙게 느껴진다. 이 지면을 빌어 그 벗들 한 분 한 분께 감사의 인사를 전하고 싶다.

차례

겨울, 가을, 여름 그리고 돌고 돌아 봄 · 2

첫째 장 돌고 돌아 봄

봄, 불청객 · 12
매화, 꽃잎 떨구어도 · 16
호숫가에서 · 19
새싹에게 · 22
겨울 외투를 벗으며 · 25
봄이 오는 길목에서 · 27
복수초 · 31
다행이야 · 33

세렌디피티 · 14
들 때와 날 때 · 18
강물처럼 · 21
봄, 3월에도 · 24
거품을 걷어내며 · 26
침식 · 29
발버둥 · 32

둘째 장 이 겨울에는 그대가 생각난다

겨울, 안개 · 36
빙하 · 38
용수철 · 42
겨울, 숲길에서 · 45
겨울, 강 · 49
우유부단 · 53
평범한 일상 · 55
뚝배기 · 58
끈 · 60
송구영신 送舊迎新 · 63
성탄절에는 · 66
겨울 산책길 · 69

변심과 자각 사이 · 37
봄을 재촉하며 · 40
겨울, 거미 · 43
새해에는 · 47
겨울 화원 · 51
낙엽, 뒹굴다 · 54
책상달력 · 57
봄이 아니었다 · 59
을사 첫 일출 · 62
살아갈 이유, 하나 · 65
동백꽃 · 67
겨울 단상, 향수 · 71

셋째 장 가을비에 젖어 쓰는 시

낙엽을 보다, 문득 · 76
어떤 추론推論, 이데아 · 79
호수 저편의 군상, 1인칭 · 82
후회의 시간 · 85
길을 가다 길을 보다 · 87
통섭의 별 · 90
만추晩秋, 비 · 92
추송秋松 · 95
청맹과니 · 97
밤 단풍 아래서 · 100
낙엽, 사그라들다 · 102
낮달 · 104
자바라치 · 107
달은 차오르고 · 109
막걸리 · 111
낙엽처럼 · 114
밀밭 · 116
잠 타령 · 119
조약돌 · 122
기린의 날개 · 124
이별의 거리 · 128
해바라기 · 131
좋은 게 좋듯 · 133
보름달처럼 · 136
N번차 데칼코마니 · 140
송사리 · 142
실내 선인장 · 144

동행 길에 · 78
용해溶解 · 80
골뱅이 고립보 · 84
가을비 단상 · 86
상실의 계절 · 88
만추晩秋, 궂은비 · 91
사자와 산 자 · 93
짝사랑 · 96
낙엽 2 · 99
그림자, 그대 · 101
달바라기 · 103
침전 · 106
불협화음 · 108
유전자 · 110
소문의 계절 · 112
사냥질 · 115
고주박 · 118
다중적 자아 · 120
파수꾼 · 123
한끼 밥 생각 · 126
양지의 바깥 · 129
종이옷 · 132
보리굴비 · 135
상사화 · 138
청모과 · 141
공중전화기 · 143

넷째 장 장마, 그대가 긋는 그리움은 평행선

맥문동 · 148
나팔꽃 · 149
귀로歸路 · 150
우체국 앞에서 · 152
옛날 팥빙수 · 153
소나기가 있는 풍경 · 154
소금빵 · 156
창밖의 세상 · 157
처서를 기다리며 · 158
에스프레소의 변신 · 159
곁눈질 · 160
폭염의 그림자 · 161
연결고리 · 162
선풍기 · 163
책방에 가는 까닭 · 164
괜찮은 겁니다 · 165
비교열위 · 166
태양을 가리며 · 167
메밀 막국수 · 169
거짓말 · 170
토마토 · 171
두물머리에서 · 172
목백일홍 · 174
고지서 · 175
나이 듦이란 · 176
고독에 대한 단상 · 177
꽃잎 진다고 · 178
젖어도 꽃잎 · 179
강아지풀꽃 · 181
밤비 · 182
맴맴이 · 183
채색의 계절 · 185
장마, 빨래 · 186
도래지渡來地 · 188
쌍 잠자리 · 190
장마, 숨바꼭질 · 191
동네 책방 · 192
장마, 기다림 · 194
장마, 둘 · 195
냉장고가 있는 집 · 196
의자 중독 · 198
메추리알 감자 · 199
달맞이꽃 · 201
등燈, 밑을 보다 · 202
첫 장맛비의 단상 · 203
콩국수 · 204
능소화 · 205
밤꽃 필 무렵 · 206

첫째 장

돌고 돌아 봄

봄, 불청객

초록 잎새 단꿈 영그는,
연록의 눈망울이 흔들리는 봄날
오후를 향하는 분주한 일상 속에
기척도 없이
한 조각 어둠이 불쑥 다가왔다

폐부를 찌르는 자각도 없이
만감이 교차할 틈도 없이
선택의 기회도 없이
어느새 육신 안으로 든 손님

반갑지 않은 더부살이에 불편한 침묵이 이어지고
어색한 기류에 애써 웃음 짓지만
대화의 결은 주름지고
시간의 숨은 턱밑까지 차오른다

따스한 햇살의 저편에
그림자 드리우는 일은 당연한 것을
막아서도 오는 불편함은
뉘에게나 찾아올 수 있는 것을

하늘은 뿌옇게 흐려오고
돌풍에 우짖는 눈발, 여즉 흩날리고
우울한 마음 다잡아보는,
꽃 피는 삼월의 어느 봄날

세렌디피티

잿빛 도시 틈새에 낀 오솔길
무심히 멈춘 길섶 화단에서
문득 발견한 작은 꽃 한 송이

낡은 책장 구석에서
우연히 읽은 일기장이나
빛바랜 책 속에서
다시 마주하게 된, 잊고 살았던 꿈

어둠 속 홀로 걷는 길 끝에서 만난
따스한 불빛의 카페에서 흘러나온,
노래 구절이 되살려낸 젊은 날의 추억

텅 빈 주머니 속에서 울던
휴대폰 너머로 들려온 반가운 목소리
스쳐 지날 법한 찰나에 우연히 본
너의 살가운 미소와 따스한 눈빛

차가운 겨울바람에 얼어붙은,
손끝에 건네진 따뜻한 커피 한 잔과
그보다 더 따뜻했던 너의 위로

이 모든 것들이
한기만 남았던 내 가슴을
따스한 햇살처럼 녹여주었다
메마른 가슴에
촉촉한 단비처럼 스며들었다

고요한 새벽 창가에 여민 달빛처럼
지친 하루 끝의 따뜻한 차 한 잔처럼
내 마음을 어루만지고
내 하루를 열고 밝혀주었던,
기대하지 않았던 만남, 인연들
내 삶에 찾아온 아름다운 선물이었다

매화, 꽃잎 떨구어도

매서운 눈보라를 뚫고 나온 눈꽃
고결한 그 열매는 어떠한가
삶이 와일더에게 시디신 매실을 주었다면
그는 달콤한 매실청을 만들었을 터**
한중매는 레모네이드요
설중매는 매실청이 아니었을까

아무렇게나 던져진
값싼 운명은 또 어디 있으랴
쓰디쓴 고통에 눈물짓던 날들
그 순간순간의 가지 끝에 흐를지 모를
달콤한 바램을 향해
한 걸음 한 걸음 벼랑으로 내디뎠겠지

절망의 즙을 쥐어 짜내고 남은,
찌꺼기 같은 신세일지라도
희망이라는 꿈을 보태고
달콤한 인내를 고대했을 청!

역경 속에서 엮어낸 긍정으로
삶이 보내준 시고 쓴 맛을 기억하며
더욱 깊고 풍부해진 지혜로
미소 잃지 않을 강인함으로
쓰디쓴 운명일지라도 달콤한 희망으로 바꿀 수 있길……

그것이 바로 네가 꿈꾸던 삶의 레시피가 아닌가

** 미국 작가 Elbert Hubbard가 난쟁이 배우 M. P. Wilder의 부고에서, 그가 선천적인 장애에도 불구하고 삶에 대한 긍정적 태도를 잃지 않았던 점을 기리며 남긴 격언에서 차용

들 때와 날 때

들 때의 얼굴이
기대와 바램이라면
날 때의 표정은
실망과 낙담이겠지만
때를 깨우치는 일이 쉽지는 않다

들 때의 자세가
푸릇함과 아장댐이라면
날 때의 시간은
원숙함과 푸석임이겠지만
삶의 지혜를 쌓는 일이 쉽지는 않다

들 때와 날 때를 놓치고
시작과 끝이 한결같지 않으니
태도는 여러 갈래요
마음은 어지러운데
주어진 시간은 길지가 않다

다소의 부족함이 있어도
때를 놓치지 말아야 하는 이유다

호숫가에서

가두리 깊은 물은 요동치지 않는다 하네

자갈들 찰싹이며 까맣게 애태운
가장자리 가느다란 파문에
아무리 시린 눈 흘겨도
젖은 결 작은 아우성은 그치지 않고

엉겨 붙은 속박이 오히려 편하다 하네

마음이 깊으면 삶이 단단하다며
사무치게 그을린,
작은 몸부림에 아무리 다잡아봐도
수시로 불어오는 바람에 지쳐만 간다

타인이 만들고 얽어매는,
삶의 그물에 가로막히고
쌓아야 하는 것은 내 안의 깊이요
포기해야 하는 것은 내 위의 높이라면
기다리는 시간은
그저 넘쳐야 흐르는 자투리 물 같은 것

높은 곳에서 낮은 곳으로
삶이 물의 섭리를 따르듯
세월 흐르며 닳아 낮아지는 가두리 수위처럼
내 안에 드는 욕심도
매일 한 치씩 덜어낼 수 있으면 좋겠다

강물처럼

흐른다는 것은
멈추지 않고 끊기지 않고
정체되지 않는다는 것

자신의 결 따라 쉼 없이 노래하고
어떤 때는 밤을 지새우며
메말랐던 자신의 이야기를 들려주고

도돌이표처럼 반복되거나
쉼표 없는 선율 따라 춤추다가
고요의 순간 지나면 다시 굽이치는 강

저렇게 도도히 흐를 수 있으니
옛 속삭임이 새 걸음 되고
먼 고행길이 기다란 숨결 되었겠지

어느새 내 안에 맴도는 상념이 돼,
그침 없이 흐르는 강물이
미세혈관처럼 온몸을 쑤시고 다닌다

새싹에게

날 선 눈매 부릅뜨던 삭풍
온 대지를 모질게 뒤덮어도
여린 숨 한 가닥이면 괜찮았다
오랜 기다림 끝 마주할
봄 아지랑이 살랑일 푸른 노래가 있어,

얼어붙은 대지에 녹아내린 눈물
투명한 햇살 따라 맑은 이슬이 되고
가느다란 숨결로 스며
초록초록 새싹 하나 틔워내고
온몸 일으켜 햇살 한 줌
앙상했던 가지에 매달고 온 의지 한 줌
어우러져 완성되는 노래가 되었다

험난한 세상에 거친 바람 몰아쳐도
다시는 꺾이지 않을 용기로
잃지 않을 희망으로
굳세게 푸르게 전진해야 하는 그대

싱그런 미소 머금은
촉촉한 봄비 맞으며
흔들리는 연둣빛 이파리마다
싱그런 설렘 가득히 얼싸안고
세상을 향해 억세게 피어나렴
어둠을 뚫는 빛처럼 나아가렴

흔들려도 무너지지 않게
깊숙이 깊숙이 뿌리를 내리렴

봄, 3월에도

언 강 녹은 지 오래인데
다시 요란한 춘삼월
길어지는 기다림에
3월은 희뿌연 황사를 덮어쓰고

쉽게 오는 행운이 없었듯
떠나간 임, 서릿발 녹이듯
올 듯 말 듯
애를 다 태우고 나서야
내 마음의 봄은 느릿느릿 미련스레 오려나 보다

겨울 외투를 벗으며

잠시 찾아온 고난에 헐벗어도
겨울나무처럼 자연스럽게
거리낌 없는 새들처럼 가벼웁게
내가 가리키고자 했던 것
내게 덧씌워지는 것은 그래야 해

무겁다거나 분에 넘친다거나
남 보기에 우스꽝스럽다면
나의 잘못된 선택은 아닌지
많이 지나온 길이어도
가끔은 뒤돌아봐야 해

말, 한마디도
행동, 한 거지도
나로부터 비롯되었다면
되짚고 책임져야 할
모두가 내 몫인 게지

거품을 걷어내며

알갱이를 보았다
삶의 찌꺼기 같은 거품
한 꺼풀 벗겨내면 드러나는 민낯에서,

보잘것없는 과거일지라도
허풍과 거짓으로 꾸며낸
빈 쭉정이 같아도
다름 아닌 네가 있었다, 거기에는

지체 높은 갓을 덧써도
휘영청 달빛을 에둘러도
눈 씻어내면 다 같이 말라가는 강물

누구는 욕심이라 하고 뜬구름이라 하고
걷어내 보면 모두가
한곳에 머물지 못하는, 제행무상諸行無常이라 했다

봄이 오는 길목에서

차가운 바람결에 스치는 향기
느릿느릿 시간이 걷는 골목에서
네가 보낸 전령을 만나고
앙상한 가지 끝에 맺히는
여린 눈망울의 응원에 기운 내
출발선 어디선가 움찔거릴 너를 생각한다

새싹 돋아나는 소리
야윈 새들의 밝아진 노랫소리는
네게로 가는 길목에서 느끼게 될 설렘

한 계절 지나 새 계절 돌아오듯
어둠 걷히고 새날 같은 여명 찾아오듯
산들바람에 실려 온 온기에
너를 기다리며 한 움큼 들뜨고
네가 걸어올 길목에 불을 밝힌다

목 늘이고 기다리던 따스한 햇살
잠결마다 찾아 헤매던 애달픈 꿈
제자리인 듯 익숙한 것들과의 재회
돌이켜 생각하면
이 모든 것이 네가 보내주는 소중한 선물인 것을

떠났다가도 새 시작처럼 되돌아오는,
변치 않는 순리에 감사하며
이제는 허구와 작별하고
차오르는 생명을 만날 시간이다

침식

굽은 선 드러난 등골의 뒤태에서
깊이를 알 수 없는 주름진 이마에서
감은 눈에 밟히는 숱한 얼굴에서
스쳐 간 바람의 흔적이 묻어난다

그곳에는 비켜나지 않는 시간과
움켜잡은 비바람이 있고
가끔 햇살이 빚은 노래가 있고
세월의 무게를 견뎌낸 침묵이 있다

깎아지른 벼랑을 층층이 거슬러
거칠게 새긴 바위의 수천 년 이야기가 켜켜이 쌓이듯
마디 하나하나에 패이고 각인되며
흔적의 역사를 남겼다

거친 바람에 맞서고
선한 바람에 씻어내며
써 내려가는 세월의 야무진 이야기와
자연이란 섬세한 붓으로 그려낸,
운명이란 굵은 선으로 완성되는 자취

시간의 흐름 속에서 변하는 것은
작은 들꽃들과 나란히 걷는
죽어가는 것과 살아있는 것
또는 떠나가고 돌아오는 것
삶의 의미는 몰라도 상관없는 풍화,
바람과 함께 늙어가는 얼굴들이다

복수초

말갛게 웃고 있는 너를 바라보면
명치끝으로 시린 아픔이 건너온다
겨우내 얼고 쌓이며
건너지 못할 모난 장애물이 된,
얼어붙은 강을 마침내 건넜구나

그늘진 생각이 자라는 냉대
존재 이유를 부정하는 멸시
온몸으로 받아내고 품었을 테니
노랗게 들뜬 얼굴 그대로여도
차라리 괜찮다 하겠다

봄 햇살 마중 나온 해맑은 웃음
설움을 억누른 인내 같아
곁눈질에 눈치 보는 이방인 같아
이토록 갸륵한 너를
꽃이라 부르지 못하겠다, 쉽사리

발버둥

밤의 장막 드리운 무료 속 억눌러온 심장 하나
견고한 침묵의 갑옷 아래 숨겨진,
수억 년 꿈틀대는 노욕이련가
몸통을 가르는 부림을 누를 수 없다

억겁의 시간, 쌓인 갈망은 붉게 물들며 타오르고
억압의 저편을 집어삼킬 듯
굳어버린 가슴에 흐르는 바윗물
붉은 마그마의 열기 속에
덧없는 욕정의 그림자가 숨어 있다

찬란하게 타오르는 불꽃에
상처는 깊어지고 덧나며 상흔 새기는데
이글거리는 욕심은 뜨겁고
멈추지 못하는 발걸음은 덧없으려니

거창한 이유 내세우며 발버둥 쳐도
부질없는 불꽃놀이,
욕망이란 이름 달고 연옥으로 달려가는 녹슨 열차 같다

둘째 장

이 겨울에는 그대가 생각난다

겨울, 안개

잿빛 도시의 숨 막히는 아침
추위에 지친 고층 건물은 뿌연 입김에 덜컹이고
거친 자동차 숨소리는 패악질하는 경고음 같다

맑은 햇살은 기약 없이 잊히는데
미세먼지와 매캐한 연무에 짓눌린,
도시의 심장은 쿨럭이고
거리를 떠다니는 텅 빈 눈
흔들리는 믿음인 듯 몸 뉘일 곳 없다

회색 도시는 한낮에 잠들고
어둠 내리면 별빛조차 찾지 않아
밤하늘은 깊어진 고독에 울상 짓고
거리를 지나는 희미한 그림자, 지워진 흔적 찾아 나선다

어두운 겨울 터널의 끝에서야 만날,
반색의 날은 아직 손꼽을 수 없는데
안개 자욱한 도시는
꺼져가는 모닥불 같은 민낯 씻으려
휘적휘적 얼어붙은 호수를 기웃거린다

변심과 자각 사이

오해랄 수 있고
헛갈릴 수 있는
그런 순간, 있었어요

그토록 아름답고 소중한 게 없었지요
별표 셋에 돼지 꼬리 땡땡까지
깊숙이 숨겨두고
살뜰히 바라보자 했지요

세월이 강물처럼 흐른 뒤
꽁꽁 감추어 둔 보물, 꺼내보니
아무 보잘것없고
어떤 감흥도 없네요

무엇이거나 뉘에게나
쉽게 사그라들고 꺼질 수 있는,
그때만 반짝이는 어떤 것
그때만 소중한 어떤 사람
그런 순간이었나 봐요

빙하

단단했던 믿음도 허물어질 때 있다
영원할 듯한 신념도 바스러질 때 있다
강물 같은 시간에 녹아내리고
산산조각 난 약속에 무너진다

첩첩이 쌓은 은빛 결정이
만고의 세월 인내로 쌓은 탑이
한결 고향 땅 같은 버팀목이
깊이의 바다 끝으로 가라앉는다

떨어져 나간 빈자리에 남은 건
조각조각 덧없이 무너진 신뢰
따스한 햇살에 녹아 사라진 눈처럼
그리움은 증발하고
견고한 성벽에 난 구멍처럼
온기가 식어간다

붙잡을 수 없는 시간 속에서
만년설 눈물은 바다로 흐르고
무너진 믿음은 바람에 흩날리고
식어버린 사랑은 잿가루가 되었다
상처 입은 마음속에서는
희망의 씨앗이 잘 자랄 수 없듯

무너진 믿음 위에는
더 단단한 신뢰를 쌓을 수 없고
틈 생긴 균열 위에는
더 높은 집을 지을 수 없는 것

무너져 내린 빙하의 잔해들이
검푸른 물결 속으로 사라진 자리,
세월의 풍파에 부서진 조각난 마음이
시퍼렇게 짙어진 아픔으로 덩그러니 남았다

봄을 재촉하며

움츠러든 어깨 펴고
새 시작을 꿈꾸는 설렘
봄바람에 흔들리는 꽃잎 그리듯
따순 햇살에 고개 내미는 반가움
내 마음은 봄을 향하나 보다

얼어붙은 겨울 들판에 서 있어도
차가운 바람에 섞여
새싹 움트는 소리 들려오고
꽁꽁 즈려 밟는 시냇가에도
싱그러운 새싹들의 속삭임
귓가에 울리는 봄의 왈츠 같다

잿빛 드리운 세상에서도
새하얀 눈밭에 홀로 있어도
선한 마음으로 바라보면
어느새 들려오는 희망 노래처럼
기지개 켜고 일어서는 것들이 있다

봄을 기다리는 마음은
저마다의 가슴에 소망 하나씩 품는 것
이미 뿌리내린 새 씨앗을 향해
다시 힘차게 나아가는 발걸음 있으니
봄이여, 어서 오라
널 기다리는 초롱초롱한 눈동자를 향해

용수철

짓뭉개고 짓눌러도 다시 솟아나는,
작은 체구에 깃든 몸짓
누를수록 굴하지 않는 역설

코일처럼 꼬여버린 시간 속
어둠 속 빛을 찾는 본능처럼
세상의 무게 견디며
조그맣게나마 꼼지락거리는 걸음이었다

삶의 고비에 대한 반발인 양
운명에 맞서는 저항인 양
세상의 무게에 짓눌려 웅크릴 때마다
꿈틀거리며 반항하는 힘이었다

반복되는 팽창과 수축 속
작용과 반작용의 춤사위 속
넘어지고 일어서며
더욱 단단해진 성장이었다

누를수록 더 강하게 튀어 오르는,
작은 몸짓에 담긴 에너지
무쇠 다리 오뚝이는 못되어도
거뜬히 세상살이에 샘물이 되어준 힘이었다

겨울, 거미

까닭을 알 수 없어
여기저기 기웃거렸다
행여나 이곳일까, 저 인연일까
팔 벌리고 발 걸치며 그물도 던졌다

비바람 수시로 불고
눈보라 이는 날 많았지만
이따금 햇살 비치는 날이면
별인 듯 반짝이는 아침이슬에
가끔은 살 만 하다 생각했다

마주 보는 햇볕처럼 눈부시지 않아도
수려한 금관처럼 화려하지 않아도
말없이 내 집 짓고
묵묵히 전답 일굴 수 있으니
이런 삶도 괜찮다 생각했다

작은 날것들이 종적 감추고
무뎌진 시간이 세 참 쯤 흐른 뒤
습설이 손사래 치며 휘날리던 날
무거운 어깨, 젖어 무너져 내리던 날
녹지 않고 쌓이는 무게를 알았다

눈 속에 묻혀 허덕이는 건
보석이었고
행운이었고
햇살이었고
온갖 인연들이었다

겨울, 숲길에서

메마른 가지에 걸린 희망은 위태롭다
새하얀 눈밭에 남겨진 흔적
햇살은 비집고 스며들지 못해
뱉어낸 설움에 되레 눈 시리다

나지막이 깔리는 정적 속에
홀연히 나뭇잎 쓸려간 자리마다
쓸쓸함이 깊게 새겨지고
잔설 덮인 언덕에
눈치 빠른 바람이 쌀쌀한 냉기를 남겼다

아무렇게나 뒹굴다 지쳐 누운
나그네 머물던 자리엔 붉은 적막 감돌고
발자국조차 숨죽인 적막한 음지
길손은 또 다른 길손을 맞고 보내며
서로 메마른 감정을 닮아간다

한때는 푸르름으로 가득했던 청춘
계절 바뀌면 열정도 따라 식고
따스한 햇살 돋아나면
새로운 시작을 꿈꿀 법도 하건만
쓸쓸한 겨울 숲은 대답이 없고

다시 또 불어닥칠 찬 바람 남았지만
새잎을 다시 피울 수 있음을
저 여윈 나무들도 염려하지 않듯
상처 아무는 계절,
그 마음속에서 지우지 않으면 좋겠다
여정을 마친 하루해가 저물지언정
넘어야 할 언덕, 아직 남았으니……

새해에는

어두운 밤하늘 수놓던 별처럼
가슴에 품은 밝은 소망,
희망찬 새해와 함께 솟아나길
툭툭 먼지 털어내듯
지난날 아쉬움은 떨구어내고
새 시작을 향해 힘찬 발걸음 내딛기를

온화한 한 줌 햇살처럼
상쾌한 한 가닥 바람처럼
우리 곁을 밝히고
시원함을 선물할 수 있기를
깊은 고요의 바다처럼
굳센 믿음의 산처럼
널찍한 마음으로 세상을 품고
굳건한 신념으로 흔들림 없는 힘을 키울 수 있기를

붉게 뜨겁게 용솟음치는 새해에는
더욱 탄탄히 성장하고
사랑하는 사람들과 행복하기를
마음속 상처 굳게 아물고
밤새 내린 서리 녹아내리듯
따스한 봄볕, 함께 누릴 수 있기를

작은 일에도 감사하며
더불어 사는 세상에 긍정 한 스푼 보탤 수 있기를
까만 밤에도 영롱한 별처럼
찬연한 햇살 아래 눈부신 나비처럼
새해에는 모든 소망 이루어지기를

겨울, 강

한때는 양귀비 꽃잎 마냥
도도히 흐르던 붉은 정이었다
굳센 마음도 독한 계절에 굴복하고 차가운 얼음장이 되었다

뜬눈으로 지새우던 찬 바람
갈라진 틈새로 스멀스멀 스며들고
따뜻했던 기억도
남겨진 추억도
헤진 낙엽처럼 가슴에서 쓸어낸다

가끔씩 눈부시게 쏟아지던
따스한 햇살도 녹이지 못하는,
차가운 얼음장 아래
흐르던 감정은 멈추어 서고
어둠 속 홀로 남겨진 듯
쩌엉쩌엉 갈라지는 얼음은 쓸쓸타

겨울이 깊어질수록
강물은 점점 속 안으로 냉기를 품고
침묵은 더욱 깊은 수렁 속에 잠긴다

헛헛함은 깊어만 가고
멀어진 봄날은 쓸쓸히 뒤도는데
저 얼어붙은 강물,
다 녹아내리면 따뜻한 봄날일까

겨울 화원

척박한 시절은 뉘에게나 있겠지만
핍박의 설움은 늘 아픔을 준다
황량한 바람 몰아치는,
이 겨울의 정원은 더욱 서럽다

한때는 진한 몸짓으로 만발했던 꽃들
삭지 않을 훈장일 것 같았지만
피고 지고 피고 지고
늘상 화려할 것 같은 정원에도
혹독한 시절은 피해 가지 않는다

순번 따라 고행길 찾아오고
높고 낮음 없이 고루 안겨 오는 세월
누구인들 늙지 않고
어디인들 닿지 않으랴

허무하게 꺾인 꽃대처럼
때 되면 젊음도 머리 조아리고
찬 바람에 날아간 꽃잎처럼
화려한 시절도 바람 불면 수그러지고

울긋불긋했던 꽃들도
창창했던 푸른 잎새도
모두 다 사라지고, 멸절하고……

남기고 간 약속도 없는데
말 없는 흔적만 덩그러니 남았다

우유부단

가보고 싶은 곳 있었지만
가지 못했다
행하고 싶은 것 있었지만
하지 못했다
보고 싶은 사람 있었지만
보지 못했다

어제 그랬던 것처럼
오늘 밤도 후회하는 일들이 많다
소금기도 없고
매콤하지도 않고
자극적이지도 않은,
끊기지 않는 삶은 늘 그랬다

낙엽, 뒹굴다

뒹구는 건 낙엽뿐만이 아니다
서툰 초보의 삶도 뒹굴고
쓸쓸함도 덧없음도
햇살도 계절도
둥근 행성의 시간도 낙엽 따라 뒹군다

허겁지겁 날고 구르는 겨울 낙엽,
쉼 없이 바스러지기만 하랴
뒹굴고 뒹굴며
부딪히고 둥글어지고
뾰족하고 모난 삶도 같이 갈아내는 것을

정처 없이 뒹굴다가
한 톨 먼지로
한 줌 흙으로 되돌아가는 낙엽

머무는 곳이 어디인들 어떠랴
바람 잦아든 언덕 아래, 어느 양지도
허물 있는 작은 틈이라도 괜찮겠다
원래 떠나온 곳, 뉘나 돌아가야 할 곳, 또한 거기려니

평범한 일상

사각사각 정박의 리듬 따라
창문 두드리는 빗질 소리
커튼을 열어젖히면
친근히 다가오는 아침 햇살
양치하고 세수하고
다시 반복되는 하루의 시작

어제와는 다른 하루지만
매일 바라보는 익숙한 풍경
반복되는 일상에 지루할 때도 있고
힘겨운 일상에 일탈도 꿈꾸지만
소소한 행복 또한 숨어있는 하루다

따뜻한 커피 한 잔
좋아하는 음악
친구와의 교감
읽을 수 있는 소설 한 권
소소한 것들이 쌓여 채우는 하루다

어제와 다름없는 창밖 풍경이어도
하루의 시간만큼 자라나고
반복되는 길을 지나더라도
새로운 생각들이 피어나고
만나는 사람들 속에서
원하는 그림으로 색칠하는 하루다

새로운 게 없어도 새롭게 찾아오는
매일매일 반복되는 일상
균열 없는 일상이 얼마나 소중한지
틈이 생겨야 알 수 있는 것은 아니다

순간순간들이 쌓이고 쌓여
일상이 되고
일상들이 모이고 모여
완성되는 일생
완벽한 날들**은 그저 평범한 날들이다

** 영화 〈퍼펙트 데이즈〉에서 차용

책상 달력

넘길 수 없는 책상 위 달력 하나
넘길 수 있는 달이 없어서
더 이상 넘어가지 않는 달력

어떤 날은 파랗다가 까매졌다가
어떤 날은 온통 빨간 하루
숫자 하나하나에
숨겨지고 묻히며 울고 웃던 일들
그리고 연약한 사람들

어떤 것은 기록되고
어떤 것은 쓰이지 못한 채
사라져 버린 것들
그리고 남겨진 것들

책상 위 한쪽 귀퉁이에서
새해 새 달력은 기다리는데
여즉 보내지 못하고
떠나지도 못하고
있던 자리에 미련스레 남아있는 지나간 날들

뚝배기

스쳐 지난 용광로 곁이어도
뜨겁다는 게 무엇인 줄 안다
돌고 도는 돌림질 겪고 나면
어지럽게 돌아가는 세상이 보인다

모진 풍파, 담금질 다 견뎌내고
끓어 넘쳐나는 모든 것 담아내고
화염의 불길조차 너끈히 받아내며
작은 우주가 되었다

헛헛한 누군가의 속을 달래주고
시린 누군가의 가슴을 데워주고
부족한 누군가의 온기를 채워주는
뜨거운 심장이 되었다

지긋이 바라보기만 해도
끓어오르는 느낌과
식지 않을 것 같은 온기가 좋은,
엄마의 손맛 담긴 찌개 같아서 좋은,
이 계절의 뚝배기는 찐사랑이다

봄이 아니었다

떠나가신 지 언제인데
아직 감감 소식도 없으시나
그대, 어드 메 머물며
긴긴 동짓밤을 홀로 지키시나
되오는 길 잃으셨나
기다리는 이 잊으셨나

솔찬 옷섶 헤치며 파고드는 한기
성긴 가슴 사이로 스며드는 찬바람에
옷깃을 여미고
마음을 다잡아도
밤새 하얗게 쌓인 그리움조차
얼기설기 얼어 설치는데

빠듯했던 삶의 급류를 지나고
느긋함이 세월 네월 머뭇대며
강물의 종착역 같은 일상이 흐른다

한겨울에도 홀연히 피어나려니
정작 꽃이 그리워했던 건
어둠 걷히면 찾아오는 봄이 아닌,
봄 같은 사랑이었다
꿈이 아지랑이처럼 꿈틀거리는, 봄이었다

끈

핏줄 같은 끈 하나, 뉘나 가지고 있네
가늘디가늘고
보일 듯 말 듯 이어진,
한 모금 샘물 같고
한 줄기 따사로운 빛 같은,
명줄이라 불리는 끈

모두가 먹구름이라 일러도
언덕 위로 솟아날 무지개를 보고
모두가 부질없다, 말해도
거친 언덕 너머로 내달리는 안간힘

피죽바람 불어와
있다가도 사라지고
보이다가도 캄캄해지는,
찾으려면 숨고
잡을라치면 약삭빠른 모래알처럼 삐지는,
굵고 화려한 그런 끈 아니어도 괜찮네

부둥켜안을수록
명치끝이 시리어 오지만
누구는 희망이라 부르고
누구는 목숨이라 부르는 작은 끈
질긴 버팀목처럼 너끈히 서서
어느새 오장육부가 되어준, 그런 끈

을사년 첫 일출

바다가 갈라지고 태산이 솟구치던
희망과 설렘이 가득했던 기원起源
끓어오르는 천지의 바램이 그랬으리라

순수의 정열이 붉게 타오르고
거친 숨결이 턱밑까지 차오르던,
대지를 내달리던 바람이 그랬으리라

암흑이 낱낱으로 주름지던,
바닷물도 잠시 숨죽이고
꿈틀거리는 생명의 씨앗이 요동치고
펄펄 끓는 쇳물보다 더 붉어진 하늘빛

들숨도 날숨도 멈춘 적막의 시간
검은 사악을 물리치며 솟구치는 을사년 첫해가 솟는다
저 멀고 먼 우주를 가로질러 온 출현,
장엄한 역사의 첫 페이지가 펼쳐졌다

송구영신 送舊迎新

지난 시간 되짚어 꼽아보니
울퉁불퉁했던 질곡의 길
넘어지고 부딪히며 멍든 적 많았고
가끔은 길 잃고 헤매기도 했다
한 해를 기꺼이 보내며
험한 길 헤쳐나온 스스로를 다독인다
괜찮아, 잘했어!

밤하늘 수놓던 숱한 별처럼
반짝이며 빛났던 기억도
먹구름처럼 짙게 드리웠던 날도 있었지만
모든 순간이 다 너 안의 너였으니
새해를 반가이 맞으며 스스로 위로한다
그래, 잘할 거야

새해에는 더 큰 꿈이 영글고
따스한 햇살처럼 주변 밝히며
시원한 바람처럼 상쾌하길,
무엇보다 자신을 사랑하며
행복한 해를 만들기를 기도한다

새하얀 도화지에 새 그림을 그리듯
새로운 한 해를 그리고
지난날 아쉬움을 발판으로
새로이 더 나아갈 수 있게
가슴 뛰는 설렘 가득한 희망을 꿈꾼다

함께라면, 우리가 함께라면
어떤 어려움인들 두려울까
너는 내게 힘이 되고
나는 네게 위로가 되며
따뜻한 말 서로 건넬 수 있다면
더욱 행복해질 수 있으려니

살아갈 이유, 하나

함께 걸어가는 이 길 위에
좋아하는 것
좋아하고픈 것
좋아할 이유가 있는 것이 있다

함께 살아가는 이 땅 위에
사랑하는 사람
사랑하고픈 사람
사랑받아 마땅한, 소중한 사람이 있다

때로는 저마다의 이유로
서로의 빛이 되어주는 존재
고행의 무게와 어깨 견주며
나란히 살아갈 수 있는 이유다

힘들고 가로막히는 일 있어도
어두운 밤, 밝게 빛나는 별처럼
우리를 숨 쉬게 하고
섬처럼 존재하게 하는 이유다

성탄절에는

하얀 마음들이 소복이 쌓이는 밤
조막손으로 밝힌 따스한 촛불 앞
사랑하는 사람들 모두 모여 가슴에 차오르는 축복 나눠요

차가운 바람, 맹렬히 불어와도
서로를 향한 따뜻한 마음 있다면
언제이든 어디에든 따스한 봄

은혜의 종소리 산하를 건너오면
별들이 내려앉은 트리 아래서 따뜻한 말, 행복의 미소 건네고

세상 모두를 위해
기쁨 넘쳐나는 두 손 맞잡으며 사랑의 마음 담아 징글벨을 불러요

오늘은 모두가 행복해야 하는 날
어둠과 근심 걷어내고
사랑과 평화 가득해야 할 성탄절
어찌 반갑고 즐겁지 않을까요

메리 크리스마스!

동백꽃

처음 맞닥뜨리는 삶인 까닭에
시리고 매몰찬 바람은 늘 두려웠다

저절로 깜빡이는 겁쟁이 눈동자 속
세상은 온통 하얗게 물들어 가는데
기척 하나 없던 겨울 대지는
아무 말 없이 붉은 눈물 삼키고

몸서리 몰고 온 찬바람에
작은 어깨 오므리던 여린 잎새
마침내 삭막한 세상 위로
활짝 열어젖힌 의인의 붉은 입술 마냥
붉은 꽃을 피워냈다

이 겨울의 짙은 밤을 기억하라며
향기 없는 향기는
단잠의 동박새 마음 일깨우고
이 겨울에도
붉은 정열은 식지 말라 이른다

앙상해진 마음으로라도
고독을 견디는 절개는
소중한 것을 지키는 기사 같고
용광로보다 붉은 자태는
견줄 수 없는 사랑처럼 고고하다

눈보라 치는 저편의 힘에 맞서
붉은 빛깔로 세상 물들이며
빼앗기고 잃어버린 전설에서
역설적인 삶의 희망을 찾는다

하늘 향해 뜨겁게 피어오르다
꽃피는 계절 다시 돌아오면
사랑과 이별의 모순을,
삶과 죽음의 무게를 저울질하다
우수수 물러날 기개 있는 꽃잎,
오오, 동백이로다!

겨울 산책길

쓸쓸히 쫓고 쫓기는
산책길에 남겨진 발자국이
기울어가는 석양의 저편으로 멀어진다

잔설이 가는 숨결처럼 흩날리고
찬 바람은 구성진 단조 읊조리는,
느티나무 머리채를 잡아 흔들고
골격만 드러낸 앙상한 나뭇가지
손 벌려 하얀 솜털 옷을 껴입었다

이 계절의 산책길이란
쓸쓸한 꽃잎처럼 피어나
가슴 한편을 차지하고 웅크린,
아무도 찾지 않는 그늘 같은 곳

무너져 내린 산등성이 눈사태처럼
어느샌가 내 곁에 다가와 위협하는,
거추장스런 운명 같은 것

조여오는 두통에 느려진 발걸음이
갈라지는 생각을 나태하게 만들고
홀로 걷는 발길을 자꾸만 붙드는,
에둘러 멀어진 산책길

녹지 않고 쌓인 그늘 눈처럼
발끝으로 전해진 냉기에 마음마저 얼어붙고
뒤돌아보면 텅 빈 허공(虛空)
나를 따르는 쓸쓸한 그림자 하나 덩그러니 누워 있다

겨울 단상, 향수

만날 듯 만나지 않는,
마주 보는 두 줄기 선로처럼
우리의 바램도,
우리의 성긴 인연도 그러한가

영원한 듯, 오지 않을 것 같던
계절의 끝자락에서
눈 들어 돌아보니
지나온 시간이 더 아득하다

시름없이 뛰놀던 뒷동산은
여즉 푸른 들녘인데
쉰 자장가에 투박하게 토닥이던
할미의 주름진 손등이
어느새 내 것이 되었고

시간이 빗겨나 그리운 시절은
철들지 않는,
푸르기만 한 마음속 그대로인데
차곡차곡 머리칼 위에 흰 눈이 쌓인다

진눈깨비 흩어지는 잿빛 하늘이
검은 포도 위로 내려앉고
흐려진 두 수정체를 관통한 겨울은
헛헛한 가슴 틈새로 배어들고
시린 마음이
발밑 낙엽처럼 사정없이 바삭인다

셋째 장

가을비에 젖어 쓰는 시

낙엽을 보다, 문득

탱탱하고 윤기 나는 피부에
살랑이는 춤사위로 헛바람 잔뜩 들고
높고 화려한 영예 만끽하던 푸릇함
긴 서사에서 잠시 우쭐거리던 한때였다

시간은
억지스럽지 않아도 도도하고
강물은
밀어내지 않아도 때가 되면 흐르는 것이 자연스런 이치

본류로부터의 이탈과
멀어져 가는 인연에
눈물 콧물 다 쏟아내고
생기 잃은 마음은 바싹 마르다 여위어가겠지

부끄러운 과거는
휘파람 같은 작은 핀잔에도 바스락거리며
회한의 몸짓으로 뒤척이겠지

푸르던 잎새는 떨어져도
흙으로 가는 귀향의 낭만 이고 지고
또 다른 생명의 밑거름이 될 터

한 줌도 안 되는 권세를 믿고
세월에 눈 부라리다 역사의 오물이 된,
너는 무엇을 얻고 무엇을 지키고자 했던가

동행 길에

젖고 가파른 에움길에서도
잡은 손 놓지 않기
힘들면 잠시 어깨 내어주고
어려운 일에 같이 목청껏 소리내기

견딜 수 없을 것 같은 시련에도
다른 곳 쳐다보지 않고
이별의 설움 없이
함께 바라보던 길 끝까지
같이 걸을 수 있다면,

가는 길에 우정도 얹고
사랑도 보태서
주름져가는 얼굴 마주 보며
볼 맞추고 웃어줄 수 있다면,

그런 친구, 그런 사랑
우리 모두에게 있다면
헛헛함이 어깨 위로 찾아오는
이 시린 겨울에도 춥지는 않을 거야

어떤 추론推論, 이데아

이승에 있는 것이 아니어도
마음속 어딘가에 자리한다면
존재한다고 할 수 있다

현실 세상에 없다고 해서
마음속에도 존재하지 않는 것은
있을 수 없으므로
마음속에 담을 수 있는,
모든 것은 존재한다고 해야 한다

완벽히 둥근 원은 현세에도 없고
불규칙 무한소수 전부를 알 수 없는, 우리 마음속에도 없다 해야 하지만
완벽한 동그라미가 존재하는,
그곳이 이데아라 했던 현자의 손끝

찾고 만지고 보고 싶은,
비록 없는 듯 없을지라도
그 어딘가에 존재할 그곳,
또는 그 사람

용해 溶解

펄펄 날리는 삭풍 한설에
새하얗게 질린 대지 얼어붙고
가을 따라 떠나간 핏줄 못 잊어
헐벗은 나무 까매진 속 드러내고
앞서가는 한기에 몸서리 오는 날
설까치처럼 겨울 햇살이 양지천을 뛰논다

번잡스런 세상 피하고 피해
먼 길 돌아온 길손이 찾는다는 찻집 통창
오뉴월 서릿발보다 뜸해진 햇살이
먼 데서 온 친구처럼 마주 앉고

찬 기운에 맺힌 이슬인지
건조해진 눈에 들이부은 안액인지
쌓인 눈 틈으로 녹아 배이며
눈가를 적시는 여린 줄기의 액체,
겨울 볕 발치에 놓인 양지천이 흐른다

따뜻한 심장을 가진 친구 곁이라면
복잡한 물리적 원리가 아니어도
지난 청춘에 식어버린 심장이어도
다시 통과하는 빙점의 저편

해넘이가 코앞에 닥치며
나지막이 녹아나는 사람이 있다
사람 속에 있어도
보고픈 사람,
그리운 사람이 있다

호수 저편의 군상, 1인칭

육중한 허리에 발밑까지 들어찬 욕심, 주체하지 못해
산은 호수로 잠겨 들고
호수는 시야를 벗어나지 못한
티 없는 하늘조차 삼키려 든다

남태평양의 저기압 전선에서 살아남은
물방울들
높아진 남해안 수온에 흡착되어
비린 바닷내 떨군 증기 속 물방울들
성운으로 오르다 백운계곡에 쏟아내고
빗방울이 영글고 흩어지고
흐르고 쌓여 만들어낸 저 잔잔한 호수
심호흡을 멈추고
내리깐 눈을 들어 바라보는 저편
작디작은 물방울들이 모여 이룬,
맑은 날의 호수는 무서운 게 없다

한여름의 타들어 가는 고통에
메말라가던 가슴을 적시고 흘러내린,
너의 땀방울들이 모여 만든 호수는 지금 어디에 있나

한겨울의 모진 시련에
에이던 살갗 베고 흘러내린,
너의 핏방울들이 흘러 이룬 호수는 지금 얼마나 너른가

한없이 작아지는 질문에
답을 내놓지 못하는 과객
그저 호수의 저편으로 숨어들고……

골뱅이 고림보**

일어나! 나팔 소리 알람 알림에
도돌이 일상이 시작되는,
목구멍을 포도청이라 부르던 아침

이제는 기상 알리는 소리도 없는데
홀로 눈 뜨고 밥 먹고
홀로 일하고 노는 건깡깡이가 되었다

깨워주는 사람
깨워야 할 알람 소리
깨어야 할 일이 없다는 건
존재하는 삶이 아닌, 그저 청맹과니거나 부재와 다를 바 없는 존재

보고자 하는 것을 보기 위해
눈을 떠야만 하는,
알림 소리 하나를 존재와 부재의 사이에 두고
나는 무엇을 건너온 것일까?

**고림보 : 세상 물정에 어둡고 소견이 좁은 사람이나, 마음이 옹졸하고 하는 짓이 늘 푼푼치 못한 이를 일컫는 순우리말

후회의 시간

흐르는 시간이 많아질수록
찬 밥보다 추억을 먹을 때가 더 많다

지나온 시간이 길어질수록
자랑보다 못남의 후횟거리가 더 길다

후회할 때는 망상의 시간은 거꾸로 흐르고
후회도 추억거리라며
부질없는 몸부림일지라도
광대 몸짓으로 웃어넘길 때가 많아진다

부끄럼은 요란스럽게 우박처럼 쏟아져 내리고
질퍽한 진눈깨비 뒤에 찾아온 묵직한 첫눈처럼
후회의 시간은
아랫목을 뒤적이는 갈구의 몸짓 속에서 질퍽거리고……

가을비 단상

보고 계신가요
이 가을과의 이별 장면을

듣고 계신가요
이 가을이 떠나는 빗소리를

기억하시나요
이 가을이 남겨놓은 붉어진 마음을

난 가고 오는 계절의 한가운데 서서
이편도 저편도 아닌
그대만을 생각하렵니다

길을 가다 길을 보다

모두에게 열린 길
서로에게 내밀던 길
운명인 듯 피하지 못한 길이었다

주어진 길을 가다,
우연인 듯 만난 길
어쩌다 발길 들여놓은 길이었다

길을 가다 보이는 길은
어찌나 많던지
우연히 보게 된 그 길들
가보지 못했으니
톺아볼** 수가 없어
또 얼마나 멋져 보이던지

가시밭에, 함정에 질고도 험한 길
어쩌다 들여놓은 발길이었다
하지만 이제는 되돌아갈 수도 없는, 내가 선택한 길이다

**톺아보다 : 샅샅이 톺아 나가면서 살피다.

상실의 계절

푸르던 나무의 청춘이 떠나며
미련처럼 흩어지는 낙엽 남기고
힘겹게 떠나보냈던 것들이 다시 돌아온다

지워 버리지 못했다
후회할 수 있다며
하얗게 떠나갔다며
보이지 않을 거라 생각했다
마음이 신경처럼 이어지지 않으면
없는 것이라 생각했다

잠시 잠깐씩 다녀가며
욕심부리는 건 그저 허울인 것을
떠나버려 빈, 채우지 못한 공간을
굳이 채우지 않아도 꽉 차는 헛헛함을
여백처럼 스스로 비워내지 못하면
기다려야 한다

연보라 수수꽃다리에 현혹된
첫사랑의 향기를 지워내고
잃어버린 꽃잎을 마음에서 지우듯
잃어버린 사랑은 기꺼이 보내야 한다

아름다운 사랑을, 현실을
뿌리치고 떠나가는
이 상실의 계절에는……

통섭의 별

문밖으로 나서지 않거나
안으로 들지 않는 날이면
눈에 보이지 않는다며
염려하고 챙겨주는 친구가 있다

바람 불지 않으면
돌아눕는 풀이 있고
보아주지 않으면
피지 않는 꽃이 있듯
살아 움직이는 것에는
서로 끌고 당기는 무언가가 있다

마음 흐르는 것에
따라오고 따라가는 정, 있으려니
젖은 마음에도 살뜰한 별이 들면
누군가에겐 살아가는 이유가 된다

고마워라!
이슬로 내리는 선선함
나눌수록 쌓이는 그 통섭의 마음

만추晩秋, 궂은비

가으내 지새우는 건밤이 많아진다
그무러지는 밤에 생겨나는 쓸모없는 기우 때문이리라

고우苦雨에 혹여 찾아오실 발길 주저할까
달빛 감춘 구름발에 행여 길 나설 마음 심란할까
갈 곳 잃은 왜바람에 먼 길 돌다, 차마 길 잃을까
염려의 밤은 뜬 눈을 지키고

반환점을 돌아, 돌아가는 길
남은 여정은 어둑하고
들이닥칠 한파는 가까운데
가을 궂은비에도 새어 나오는
젖은 만추의 한 가닥 정취와 아해의 배냇짓 같은 철없는 웃음

우물 안 관목에 매달린 채
가지 한쪽 끝에 흐르는 꿀을 핥는, 영락없는 나그네다

만추晩秋, 비

높푸르던 가을 하늘에
찬 바람이 반갑잖은 손님을 몰고 왔다

온 세상 떠받치는, 기품 있는 하늘도
하룻나절에 이리 변덕을 부리니
사람 사는 세상사는 더 그렇겠지

겨울 삭풍은 눈 흘겨도 찾아오지만
버럭대는 가을 시샘 비
그리 오래가지는 않고
하늘 무너질 듯한 근심도
시간 지나면 언제 그랬냐는 듯
눈 녹듯이 사라지는 것처럼

오늘 슬피 울었다고
내일도 서럽게 울기만 하겠나
희뿌연 운무 걷어내고
다시 찾아올 아침은
내일의 얼굴로 환히 웃으며 오겠지

사자와 산 자

의식이 비어도 차도
수없이 내뱉고 들이키던
날숨과 들숨의 찰나와 끊김
순간의 시간이 잠시 더 흘러
산 자와 사자로 나뉘고
사자와 산 자의 차이는
저승과 이승 사이의 두께가 되었다

느닷없이 찾아오는 사자의 부름은
부고라는 한 단어로 전달되고
덜컥 가슴이 출렁일 때마다
내가 알던 사람이 하나둘씩 내 곁을 떠나간다

사자의 영혼이야 있으면 어떻고 없으면 어떨까마는
강을 건너지 않은 자들의 슬픔은
잔물결에 흔들리는 윤슬 같은 것

미련도 아쉬움도 산 자의 몫이요
이미 흘러간 사람은
움직임도, 말도, 슬픔도 없고

밀물처럼 떨려오는 정신 머리맡에
강렬하게 살지도 못하고
산 자답게 죽어가지도 못하는,
어정쩡히 산 자가 고목처럼 서 있다

추송 秋松

먼 길, 제 몸을 태우며 달려와도
내색 없이 밝게 빛나던 태양
하루해 저물 때면
제 빛에 지쳐 붉어지고
푸릇푸릇 생기 넘치던 단풍도
제 계절 지나면 울불긋 물드는데
홀로 청청, 새참한 소나무
상가롭게 뻗어 나는 호기로운 기세에
성글던 이파리 우수수 떨어진,
날가지 포플러가 도끼눈으로 바라본다

세상만사 뜻대로 되는 일 없음을
철모르던 찔레꽃머리엔
저 지러지는 나뭇잎들은 알지 못했지

아이들 웃음소리 높은 벌건 대낮인데
상달의 낮날은 여슥 숭천에 머뭇대는 해를 쫓고
기다려주지 않는 시간은
막 내린 숨바꼭질마냥 적적한데
말 없는 휴일 오후의 느긋한 햇살
미소 짓는 그 속을 알 길이 없다

짝사랑

사랑이라 그리고 느낌표로 보고
사랑이라 읽고 쉼표로 멈추고
사랑이라 쓰고 마침표로 다시 읽는,

보면 서글프고
멈추면 애달프고
다시 읽으면 외로운 사랑

사랑이 아니었음을, 이제 알겠다

추억이란 친구와 과거를 여행하는
불러도 대답 없는 사랑,
그럴듯한 사랑이 아니어도 괜찮지만
마주 보지 않는 사랑,
짝패의 짝두름은 사랑이 아니었음을,

청맹과니**

장글장글한 햇살 하나 바라보고
맨주먹에 빈손 하룻강아지로 나선 길
한 치 앞도 보이지 않는
벌건 대낮의 퍽퍽함에
타들어 가는 속이야 더할 나위 없었다

차오른 알곡은 절로 고개 숙이지만
삶의 여정에 수없이 놓인
부닥치고 질퍽이는 하찮은 것들에
힘없이 무너지며 무릎 꿇고
오가도 못하는 실골목의 낭패만 보았다

겉보기에 멀쩡타고
속까지 멀쩡치는 않아
헐렁하게 박박이로 살피며
제 몫조차 챙기지 못하고
사는 둥 마는 둥 예까지 밀려왔다

그나마 쓰는 글 속에 흔적이 남고
부엉이살림에 그간 잘 버텨왔다며
간간이 위로 건네주는 이 있으니
남은 삶의 여행이나마
보푸라기 한 올 한 올 바투잡으며 다부지게 살 일이다

**청맹(靑盲)과니 : 겉보기에는 눈이 멀쩡하나 앞을 보지 못하는 사람. 사리에 밝지 못해 눈을 뜨고도 사물이나 이치를 제대로 분간하지 못하는 사람을 비유적으로 이를 때 쓰는 말

낙엽 2

매정한 칼바람이 흔들고 간 여정의 고샅고샅마다
불쑥 찾아온 시간의 뿌리침에 굳게 잡았던 손, 놓고 놓치고

당황한 눈길에
정으로 맺어진 인연의 끈 팔랑이며
구원의 손길 내밀었다 해도,
천 길 낭떠러지를 구르는 준비되지 않은 이별의 긴박함과
일별의 눈 마주침이 있었다 해도,
운명으로 이어가지 못하는 너무나 짧았던 너와 나의 연줄

붉어진 치맛자락에 스쳐 간
바람 같은 짧은 인연이어도
걸태질하듯 붙잡아야 했을까

동그마니 외따로 서
이별의 고갱이를 애써 외면하고
드레질하듯 삶의 무게를 헤아려 보지만
떨어지는 낙엽은 망설임이 없다

밤 단풍 아래서

상추객이 뿌리고 간 한낮의 염문에
속 불꽃 배인 검푸른 잠옷 입은,
나무는 오랜 시간 자신을 불사르며
숯처럼 까만 속 드러내고

매일의 일상은 잠깐인데
돌아보는 세월은 저녁노을 삼킨 강처럼 깊고
그 푸르고 까만 강물 속
붉어진 입술 기억하는 오욕이 흔들리며 흐른다

짐작조차 할 수 없었다

푸르던 잎사귀 손 내밀던 이유를
손바닥 뒤집듯 흔들거렸던 젊은 날의 방황을
그리고
볕바라기로 섰을 때
너는 영롱한 단풍이었음을

풍파의 세월이 오롯이 녹아든
저 단풍조차 깊은 단심으로 붉은데
살아가는 일에 생각만 많은, 네 속의 색깔은 지금 무엇이냐

그림자, 그대

어느 날 문득
내 곁에 온 그대가 아니었음을
이제야 알겠네요

숱하게 스쳐 간 바람의 숨결,
그대 불긋한 입술에 스며든 코스모스 바람개비처럼 화사하고

아른대던 시야에 든 햇살 한 줌,
그대 하얗게 빛나는 미소에 녹은 샐비어의 고백처럼 황홀하고

새벽이슬이 모여 흐르던 시냇물
그대 맑은 눈동자에 빠져든 수줍은 샘물처럼 시원했소

바람처럼, 햇살처럼, 시냇물처럼
숱하게 내게 보내주었던 은근한 울림
이제야 알았네요

어느 날 문득, 뒤돌아보니
거기 우두커니 선 그림자,
늘 나를 바라보아주던 그대였음을

낙엽, 사그라들다

아침 산책길에 밟힌 나뭇잎 몇 장

죽어가는 것에 남은 수분 몇 방울의 신음인지 이미 시든 것의 발악인지
꺼져갈지언정 아직 다 마르지 않은 생명에 바삭이는 통증, 남았네요.

샛별들이 하나둘 사그라들고 뒷배 같은 어둠 드리워지면 별들은 다시 또 찾겠지만, 매일 맞는 하루가 어제 같지 않은 나이에 자진해 나선 고행길은 살가운 근력 갉으며 거칠어집니다.

무심히 흐르고 버려지는, 넘쳐나는 시간 속에 토렴질하듯 부비고 따라 해도 데워질 리 없는 혈맥에 심장은 쉼 없이 오그라들고 가을 빗물 따라 흐르는 추풍낙엽에 헛헛한 이 마음도 따라 흐릅니다.

아우성치는 낙엽을 달래려 주워 든 것은 아닙니다. 떠나가는 것에 작별 인사를 하려는 것도 아닙니다. 그저 떨어져 죽어가는 것들, 보아주는 이 없어 외로울까 봐, 남 일 같지 않아 살갑게 눈 맞추며 괜찮다고 말해주렵니다.

달바라기

너를 지워내는 일은
가슴과 가슴 중간쯤 어딘가에 박힌
성긴 가시 하나, 뽑아내는 것

깨지도 못할 꿈을 꾸려다
뛰지 않는 심장으로 박힌 채
뽑아내지도, 뻗지도 못하는 뿌리를 거두어야 하는,
반쪽 그루터기처럼

너를 바라보는 일은
명치 한끝을 떼어내
푸르게 푸르게 타오르는 불꽃에
까맣게 태워버린 숯검댕이 만큼
휑하니 뚫린 구멍 같은 것

물컹한 살가죽에 난 상처 위에 이리저리 모래알 쓸리듯
헤시고 문느러져 아려오기에
차마 지워낼 수 없어
내 눈길은 다시 또 네게로 향한다

낮달

까마득히 몰랐다, 설마하니 잊었다
눈 뜨면 닥쳐오는 매일매일이
전쟁처럼 포연 가득한 하늘이어서
수시로 불어오는 바람에
휩쓸린 먹구름이 뒤덮던 하늘이어서

거기에 네가 있었구나
응당 휘영청청 말간 하늘에
먹구름 사이사이 언뜻 비추던 푸른 장막 산뜻하게 펼치고
그때 바로 그 자리에 서 있던 것처럼
네가 하얗게 웃고 있었다

너를 만나러 가는 사람들은 언제나처럼 밤으로 달리고
밤하늘 비추는 너의 아름다움이 그토록 강하게 얽혀있기에
어둠에서만 밝게 빛나는 너라며 단순한 껍데기로만 여겼다

별들이 모두 곤히 잠든 지금
한낮의 태양이 눈부신 지금
파스텔톤으로 물든 하늘 위에
구름 한 점 곁에 두지 않는 결백에
투명한 너의 얼굴이 너무나 명징해
벼락처럼 내 머릿속은 현기증이 인다

밤낮으로 빛나는 꿈처럼
언제나 변함없이 떠오르는 희망처럼
한때 사라진 듯해도
머잖은 계절의 정원을 수놓기 위해
너는 멀리서부터 달려와
이렇게 내 곁에 머물러 있었구나

침전

쏟아지는 별, 꿈틀대는 바다
별이 다 쏟아져 내린 뒤
하늘은 바다가 되었다

어디가 끝이고 어디가 시작인지
정처 없이 흐르는 마음, 향하는 곳은 너인데
너는 어디에도 보이지 않고

침전하는 별들조차 말없이 어둠이 되었다

자바라치

머리카락 보인다, 꼭꼭 숨어라
술래 가락이 목구멍 너머로 잦아들면
뒷동산은 팽팽한 긴장 감돌고
멧밭치 향교 마당에 적막이 쌓였다

쫓고 쫓기는 자바라치에서
나무 매미나 두더지가 되고
꿩 머리가 되는 아이들 틈새,
술래가 될까, 늘 자글거리던 아이는
신경전에 밀려 도닐다가
훌쩍 크고 난 뒤에는 눈치꾼이 되었다

이웃네 평판에 눈치 보고
상하의 틈새에 눈치 보고
힘과 도덕에 눈치 봐야 하는,
세상은 온통 눈치로 섬겨야 하는 것투성이
눈치꾼은 늘 발거리 뒤에 섰다

여태껏 벗어나지 못한 숨고 찾는 그 시절의 숨바꼭질
돌이켜보면,
숨고 피해야 하는 줄만 알았던,
나는 이제껏 술래 질을 했었고
내가 찾는 것들은 여전히 보이지 않는다

불협화음

그 시작은 어디였던가
바람개비처럼 돌아도 출발점은 하나인데
자꾸만 비켜나는 선택에 흐트러지는 중심

같은 결, 같은 보폭으로 걸을 바엔
홀로 갔으면 더 수월할 것을
다른 방향, 다른 생각으로 걸을 바엔
따로 갔으면 더 마음 편할 것을
거추장스러운 동행을 원했던 건
마주 보며 기대고 서로의 의지가 되려 했던 것

다른 색깔로, 다른 높낮이로 만나
다른 음이어도 더불어 화음처럼 살면 좋으련만
하나둘 어긋나는 생각에
어울리지 못하는 반목이 된다

같은 한 곳을 추구하면서도
다름을 받아들이지 못하는,
우리들의 불협화음
그 끝은 어디쯤일까

달은 차오르고

거년 기러기 돌아오는 영월 대보름
강렬했던 햇살의 남겨진 열정이 달빛으로 스며들었다.

요란스럽지 않게, 풋낯의 그늘이어도 마다하지 않고
어스름히 흐르는 달무리
끓어오르던 정열은 식어 은은하고,
토실히 영근, 푸릇했던 대추 알 저문 햇살 먹으며 익어가고,
밤보다 깊은 큰 눈 꿈뻑거리던 뒷산
몸집 키운 한 아름 둥근 달을 머리에 이고 가을 축제를 위해 대낮 같은 조명을 켠다.

어느 해였던지 그 밤의 그 말간 달
서성이다가도 이렇게 때맞춰 찾아오고
시나브로 기울다가도
둥글게 둥글게 원을 채우며 더할 나위 없이 차오르는데

뚫린 구멍처럼 공허한 마음은
한갓진 시간이라며 메꿀 생각이 없고
네가 없는 부재의 시간
바로, 네가 없는 빈 가슴은
저 거대한 달빛으로도 채울 수가 없다.

유전자

팥죽이 퍼진 들, 그 솥 안에 있듯
생김새는 모로 보아도 같은 꼴이요
염색체 하나는 내 것이려니
달맞이고개 꽃 피듯 반가운 마음이겠지

피천 한 잎 없어도 한 자발에 숟가락 보태고
물밥이라도 즐겨 나누었으니
콩밭에 서슬 치는 일은 아니지 않은가

마음은 호두 속살 같고
속내는 천 길 낭떠러지 같아
위 아랫물이 척지듯 다가서기는 아슬하기만 하다

의뭉스레 시치미 떼면 제 속으로 나온들 어찌 알까만
한두 고개 넘고 스무고개 넘다 보면
짚불 잦아지는 줄 모르는 것

다정함은 앉아 주고 서서 받는 일이려니
일찌감치 포기하면 속은 편하려나
고랑이 이랑 되고 이랑이 고랑 되듯
언젠가는 알까, 물려준 염색체의 화학식

막걸리

열정으로는 쇳물 펄펄 끓는 용광로의 세 갑절, 가을날의 푸근한 아침 햇살로 내게 와닿는 8분 19초의 거리에는 식어버린 정열만큼이나 자연스럽게 풀잎 맺힌 이슬이 눈 비비는 순정의 아침과 꺼져가는 일몰이 반복되는 일상이 있다.

몽긋거리거나 뭉그러지거나
나아가지 못하고 비비적이다, 물러터져 버리는 것은 자연의 이치

올챙이 뛰놀던 논바닥은 마치 정해진 길이었던 듯 마른 손금이 툭툭 갈라지고 베어진 몽당 그루터기엔 흩어진 벼 이삭이 널브러진 내 마음 같은데, 잔잔한 수면에 문득 던져진 물음표 하나, 우연인 듯 가벼웠던 시작에 이토록 큰 파문 일 줄 몰랐다.

숨겨둔 감정이야 숨긴다고 가만있지 않을 텐데
굼뜨는 영혼으론 좋은 술을 빚을 수 없을 텐데
마음 하나 담지 못하면서 한 계절을 통째 허비하고
머뭇거리는 결심은 다시 한 계절을 곰삭히고 있다.

소문의 계절

푸르던 잎새 오른 완행열차는 단풍의 절정으로 달리고
종착지가 다가올수록 가속을 더해
마침내 제철 맞은 가을은 춤바람 난 이파리들을 마구 떨구어내리라

세상의 모든 것엔 끝이 있다며
가로수는 소문에도 흔들리지만
그 끝에는 또 다른 계절이 기다리고
상념 가득한 저녁노을
붉게 물든 하늘에 사랑했던 순간을 그리움이라 이름 붙인다

따뜻한 차 한 잔과 시집이 있고
이 가을의 낭만이 스며드는 곳이라면
무서리 내리는 작은 창이어도
그 안에서 나는 길 잃어도 좋겠다
빛 하나 없는 어둑한 암실에 홀로 놓여도
그 안에서 나는 소리 높여 외쳐도 좋겠다

명주바람 나풀대며 한 장씩 낙엽을 쌓듯
우리의 이야기도 그렇게 쌓이고
시간이 멈춘 계절의 향기 머금은
이 따사로운 가을 햇살 있는 창가에
사랑하는 사람, 사랑했던 사람
젖은 마음을 모두 꺼내어
말개지는 빨래처럼 널어놓아도 좋겠다

계절에 밀려 떠나는 그대
떠날지언정 잊지 말기를, 이 사랑을
가을,
잊지 않기를, 이 낭만적 사랑을

낙엽처럼

같은 하늘 아래 선
타인의 거울 들여다보다 눈시울 붉어질 때 있다

도드라질 것 없는 삶이야 자로 잰 들 도토리 키 재기 같아
꽃 피는 계절 있으면 지는 때 있고
푸른 계절 있으면 낙엽 따라 흐르는 바람 있음을 알겠다

드레드레 붙어 흔들려도 다 내 것이라며
지지 않으려 보내지 않으려 붙잡는 건 신기루 같은 일

득달같은 강물에 맞서지 않아야
슬겁게 맞아 살갑게 보낼 수 있고
지는 것이 있어야 피는 꽃숭어리 아름답고
떠나가는 이 있어야 오는 이에게 반가운 낯꽃이 됨을 알겠다

지난 것은 다 아름다웠노라 노래할 수 있어야
여태껏 살아온 삶도 잘 살았다며
무거운 짐 훌훌 털어내고
멀리멀리 바람 따라 흐를 수 있으려니,

사냥질

시간이 은빛 비늘을 덮고 호수 면에 누워 잠기는 시간
작은 물결들은 숨결 파닥이며 은신처가 되고
먹이를 노리는 시선은 기회를 엿보며 윤슬보다 빛나는 날 선 화살
이 된다.

미끼 대신 던져 놓은 바램과 본능 한 덩이에 건 기대
기다리는 마음보다 초연한 여유로움 같은 것
사냥을 위한 준비는 끝났다.

먹이의 작은 움직임까지 포착하는 눈길에 이를 지켜보는 타인의 흥
미로운 눈길
찰나의 순간도 놓치지 않으려는 두 눈길 사이에 팽팽한 긴장
기회는 느린 걸음으로 다가왔다, 순식간에 스쳐 지나는 섬광 같기에
지치지 않는 인내로, 온몸으로 집중해야 한다.

때론 무심히 스치기도 하겠지만 목석처럼 기다리는 몸짓에서 실패
를 반복하며 진실 어린 것을 발견하듯,
기회를 향한 물질은 멈추지 못하고

번뜩이는 찰나의 기회를 낚아채
손바닥 위, 성긴 그물에 담기 위해 새벽을 열어 어둠을 밀어내듯
결실을 향한 삶의 끈질긴 사냥질이 타울거린다.

밀밭

매콤한 칼잡이의 예리한 혓날 벼르는 입술 위해 수십 년을 모질게 버텨왔을 척박했던 밀밭
이 가을엔 풍요의 밀어로 가득해도 좋겠다.

전운과 포연으로 얼룩진 구라파, 어느 너른 대지 위에 하이얀 밀꽃이 오밀조밀 피어오르고
너무 뜨겁지 않은 사랑에도 들판은 황금빛으로 물들며 부푼 햇살 쏟아지는 바다를 건너 자신을 기다리는 새 입맛 찾아 씨알은 가루가 되어 이국 멀리까지 왔으리라.

푸른 앞치마를 두른 아낙의
푸근한 미소 아래로 연붉은 립스틱 자국이 번져 나면
칼칼하게 코끝에 와닿는 밀 내음에 삶의 포성은 잠시 멈추고
무장 해제된 황혼 속 빈객

치대어진 밀반죽에서 사랑을 찾고 황금 햇살보다 더 뜨거운 칼국수와 왕모래미 한 그릇 보태 받아 들면 그 순간만큼은 온갖 시름도 내려놓을 수 있다.

한 젓가락 밀면을 들이키면 내장 속을 뜨겁게 지나는 것 있으니 가을 찬 햇살에 시들어갈지언정 남은 호흡 몇은 내쉴 수 있다는 것

갈 길 바쁜 하루살이의 애환이야 노릇바치는 알 바 아니지만 먹구름 속에 달 지나듯 한 끼 밥에 하루를 잘살았다며 한 그릇 칼제비에 찰지게 위로받는다.

고주박**

죽어도 죽지 않는 화석이 되렸던가
선 채로 굳어 박힌 망부석이 되렸던가
어느 심곡의 산마루나 산등성이에서
이제나저제나 꿈꾸었을 뿌리의 꿈은 깨지고 발가벗겨지고
윤택의 칠옷을 둘러 입은 채 조명 빛에 술렁이는 나신

허리가 잘리고 밑동이 깎이고
문드러질 몸통으로 여위어갈 바에야
분위기 있는 새 터의 깔끔함이 나으련만
우아한 관람객의 시선과 감탄 속에
사랑의 밀어도 속삭여볼 수 있으련만
화려한 조명에도 사날없는 너

평생을 버티고 일궈온 터전에
산 채로 제 몸을 묻고 스러져
화석이든 망부석이든
바람의 친구가 되었다가 숲속의 증인이 되었다가
그렇게 역사가 되었을 고주박의 꿈이 뿌리째 뽑히어 왔다

**고주박 : 땅에 박힌 채로 죽어서 뿌리와 밑동이 썩은 나무

잠 타령

야누스의 두 얼굴이 번갈아 가며 눈 부라리는 밤
노파의 근심은 일찌감치 속 잠을 쫓고
고상고상에 노루잠으로나마 눈붙이려 해도
궁싯거리는 머리맡은 밤 별 헤아리는 양들의 산수시간이다

헤뜨다 불현듯 깨기 일쑤요
선잠으로 홀깍하는 날들이 많아지는 건
선나이를 먹을 만큼 먹어도
버리고 포기하는 것보다
꿍치고 주워 담는 게 더 많아서 려니
업보 같은 풋잠이나마 기쁘게 받아들여야 하겠지

아직은 남은 여정과
몇 발짝 더 나아갈 힘이 있다면야
첫날밤의 꽃잠은 아닐지라도
혹여나 있을 남은 사랑을 위하여
행여나 있을 남은 행복을 위하여
술 한 잔의 위로에 의지하며 나비잠으로 군드러지고픈 밤

추분은 훌쩍 지난 지 오래고 무심한 밤은 상념을 먹고 자란다

다중적 자아

위선 덮어쓴 껍데기는 가라
귀띔으로 비틈히 건네어도
알아들었으면 스러져도 좋으련만
내 안의 나는 물러날 기미가 없소

거저 한몫 챙기려 함은 아니오
뭉그러지는 의욕에 강짜로 비비적이고
덤터기로 욕먹을지언정
내 안의 나를 들어낼 수가 없소

손바닥 뒤집기 같은 마음, 좋아서가 아니오
종주먹 불끈 쥐어도
포도청 같은 삶에 연신 무릎 꿇나니
불편한 칼잠의 심정으로 봐주시구려

갈피를 찾지 못해 뒤죽박죽
뜨거워졌다 식었다 종잡을 수 없소
내 안의 나를 평미레로 고르고
이리저리 어르고 달래봐도
칼깃처럼 뾰죽이는 것들만 있소

늘 푸를 것 같던 녹음이 변색하는
배신의 계절이라서
허약한 마음, 갈바람에 숭숭 구멍 나고
저마다의 감성이 높드리 요동치는
진짜배기 가을이라서

조약돌

어쩌다 아늑했던 어미 품에서 떨구어져
오랜 세월 채이고 굴렀다
어느 때는 심산유곡 외톨이로 별밤 지새우고
어느 때는 가파른 절벽 휩쓸리며 덜컥 가슴이 무너졌다

산다는 일이 그런 것이려니
누구나가 겪어야 할 아픔이려니
평퍼짐한 너른 들녘을 그리워했겠지
장마지고 큰바람 부는 헛헛한 벌판
눈치 보는 숫고라니처럼 맨몸으로 덜그럭거리던 너

너를 바라보는 것만으로
운명이란 것을 어찌 다 알겠냐만
바람 따라 물 따라 구르는, 가벼운 일조차
그냥 생기지 않음을 알겠다
인연이란 말이 얼마나 더 얽히고, 설켜야 운명이 되는지
몽글고 둥근 얼굴을 가진 후에야 알겠다

파수꾼

빈 들판에 우두커니 선 허수아비는 묵언 수행 중
노포의 찌든 벽에서 해말갛게 웃는 해바라기는 황금 흡입 중
위험 신호는 어디서든 잡힐 수 있고
점멸등은 어디서나 깜빡인다

갯벌을 기는 어부의 눈썰미는
날아오지 않는 갈매기를 염려하고
다가올 된서리를 피해
미지의 남반구는 눈에 어른거리는데
서성이는 도요새를 붙잡으려
따지기부터 화구를 챙기는 서툰 화가,

노란불을 쫓아 파란불을 기다리는
너의 시선, 동작 하나하나
놔버릴 수 없어, 놓칠 수 없어
달구리의 새벽닭이 울고
빛나던 하루해기 저물이도
차마 잠들 수 없는 파수꾼이 된다

기린의 날개

새벽종의 관심을 울리기 위해
사선을 응시하는 매초롬한 사람
종소리 퍼지다 심장 떨구고 간 자리
감당할 수 없는 울림에 주저앉은 사람

다 자란 어른이라고
눈물이 다 마르지는 않아
삼킨 슬픔이 많은 사람은
긴 그리움을 담아 목이 자란다

비바람 몰려올라치면
어둑한, 먼 하늘 바람꽃을 찾듯
관심받기 위해서는
관심을 줄 수 있어야 하는 것
앞뒤 없는 기다림은 민둥하겠지

지금은 모르겠지만
함께한 삶이 민꽃처럼 초라해도
시간이 뭉수리뭉수리 흐른 뒤에
좋은 추억 몇은 남아있기를

네가 떠나 기다리는 시간이어도
네가 없어 의미 없는 시간이어도
그리 오랜 시간은 아니기를……

한 끼 밥 생각

시린 눈길 아프도록 닿을 데 없고
사방을 둘러봐도 막힌 곳 없어
빈 하늘은 조급증에 푸릇푸릇 멍든다

공복은 몸으로 자각하는 통점 같은 것
헛헛한 마음은 빈속으로 오나보다

커다란 양 문 냉장고 안에도
배달의 편리가 든 스마트폰이나
먹거리촌에 늘어선 상밥집 안에도
화려한 진미가 눈앞에 아른대는데
눈길도 입질도 선뜻 내키지 않는 밥상

이런 가을날이면 불쑥불쑥 찾아오는 먹먹함 때문인지
젊은 시절 알고생에 망가진 위장
알천이 차고 넘치는 거리에 서도
꿀꺽 삼킬 수 없어 손사래가 앞서고
타지에 내놓은 자식 생각에
빈 주머니 뒤적이며 돌아섰을 당신 때문인지

이른 새벽의 공이 씻기어지고 지어져
다 같이 둘러앉아 먹던 두리반
가온데 올려진 모둠밥 하나에
고기마룩은 언감생심,
매나니 마른밥이나 먹기 일쑤였지만
그래도 그 시절의 당신 얼굴이
자꾸만 푸르게 맺히는 가을 하늘이다

이별의 거리

너와 나, 우리 사이가
예전만 못하다,
들려왔던 그때
거리의 시작점이었네

너와 나의 벌어진 틈으로
충분한 시간이 지났다,
말해주었던 그때
격리의 시작점이었네

너와 나의 마음이
모두가 어긋났다,
서로가 느껴졌던 그때
이별의 종착점이었네

양지의 바깥

눅눅한 그늘 벗어나려
달빛 아래 서면
새초롬히 다시 만들어지는 그늘
달빛 흐르는 물에
적시고 씻겨내도 지워지지 않는
까만 침묵은 바라는 일을 잃었다

쳐지고 어두운 마음
햇볕에 말리고 별빛에 내놓아도
천추를 매단 듯
가라앉는 침전이 되고
술래가 무서운
거추장스러운 숨박이 머리칼이 된 낙인

나가려 해도
격한 발버둥에도 움츠러드는,
구직의 좁은 문에 막히고
기회의 고른 문에 밀리고
집값의 높은 문에 멀어져
낯선 얼굴에 낯설어하는 사람들

한 발짝씩의 경계를 두고 갈린
양지의 밖과 안에서
익숙한 것들에 젖지 않게
은둔의 벽에 고립되지 않게
밀고 당기며 놓지 말아야 한다
빛을 향한 걸음, 마저 스러지기 전에는

해바라기

앞서간 행적, 쫓지 않으려 내게 보여주었던 당신의 몸짓
한 번의 눈길 없이 외면했습니다

앞서간 발자국 밟지 않으려 내게 해주었던 당신의 말들
한 귀로 적시고 한 귀로 말렸습니다

멀찍이 회피하고 흘려보내며
수십 년 세월에
미움과 원망의 가면을 씌우고 회한으로 지새운 적 많았습니다

다 지워진 줄 알았는데
다 벗어난 줄 알았는데
문득 눈 들어 바라보니
당신이 걸었던 그 길입니다

당신을 떠나왔던 그 언덕 아래로
노랗게 흙먼지 일었던 그때처럼
키다리 노란 꽃은 활짝 피어나 철없이 웃고 있는데……

종이옷

입은 듯 만 듯 펄럭이는, 누덕누덕 기운 한지
우스꽝스러운 몸짓이
런웨이 패션의 마음 홀리는 날렵한 샤브레의 칼끝 같다

매일의 일상을 입고
순간의 헤픈 웃음을 벗고
자신의 영혼을 팔아 타인의 호감을 사는,
겹겹의 옷을 입은 사람들

허울의 형식들은 가라고
거추장스러운 것들은 가라고
허구에서 살아나온 실재는 벌거숭이 그대로의 무게로
떠오르지 못하면 가라앉는데

자신의 삶조차 흔들지 못하면서
바람에 흔들린 들
한 송이 꽃이나 피울 수 있으랴
따뜻한 차 한 잔의 위로처럼
누구의 마음인들 스며들 수 있으랴

좋은 게 좋듯

따뜻한 사람과 함께라면
삶도 괜찮은 시간여행이다
둥글게 말린 시간을 펼치면
지나오고 떠나갈 멀고 긴 여정
자신이 선택하는 길이니
나쁜 시간은 없다

푸르고 싱싱한 신록 아니어도
떨어진 낙엽이 쓸쓸하지 않다면
적당히 익어도 괜찮은 계절
투덜대지 않고 흘러간 구름처럼
작별도 없이 떠난 폭염처럼
적당히 잊어도 좋겠다

지난 것을 다 안고 살 수 없듯
다가올 것을
단정 지어 맞을 수 없고
한 곡 노래에 온 감정 담을 수 없듯
한마디 말에
사랑은 돌아오지 않는다

좋은 게 좋지 않으냐, 묻거든
높새 구름, 훌러덩 산 넘어가듯
또 웃고 지날 일이다

보리굴비

한가위 같은 마음 보낸다기에
연보라 둥근 달빛
꽉 찬 부끄럼을 상상했는데
꾸덕하고 쫄깃한 마음이 도착했어요

늘 부족한 게 많은 사람이라
보내주는 것들로 채우라는
어여쁜 귀띔인 줄은 알았지만
텅 빈 속에 눈물 습습한 나
헤진 헐렝인 줄은 이제 알았네요

젖고 마르며 모진 세월 견디면서
꾸덕꾸덕 탄탄해진,
긴장은 허투로 놓지 않고 살았을,
쫄깃한 친구 얼굴
녹찻물 풀어헤친 흰 밥알 위에
둥그렇게 떠오르는 저녁입니다

보름달처럼

나팔꽃 호들갑스레 낯붉히고
심술궂은 낮 더위를 불러와도
사람들 얼굴엔 웃음꽃이 피고

저무는 강 흐르는 물길 여미는
구름 찬 저녁인데도
때맞춤 달은 어김없이 차오릅니다

산까치 고개 돌린 고향은
남녘의 여울진 중천부터
가만가만 내게로 오고
길 떠난 사람들도 하나둘
곱게 빚은 송편이 언덕처럼 쌓인,
둥근 쟁반에 둥글게 둥글게 모입니다

가을밤이 아닌 듯
한여름은 아닌 듯이
한가위 보름달이 큰 눈으로 들면
사람들 마음은 이미 풍성하지요

이 밤의 해맑은 표정을 담아
보름달처럼 떠오르고
보름달처럼 질 수 있다면
얼마나 좋을까요
돌아가는 길도 지나온 길도
모두 다 둥글겁니다

상사화

푸른 잎새 뒤로 말갛던 하늘
뭉게구름은 손에 잡힐 듯 흐르고
우연이라도 잡히지 않는 인연
볼 수 없어, 잊혀가는 허상 같다

육신은 사라지고 마음만 남아
날이 갈수록 멀어지고
깊어지고 짙어지는 그리움
첩첩심중의 꽃이 되었나

그 마음속에 켜진 분홍 등불 하나
꺼내어 보려 할수록
만져 보려 할수록
어긋난 시선은 먼 산 향하고

보고파 들떴던 날도
슬퍼 구겨졌던 날도 그랬듯
오늘도 노을만 낯붉히는데
긴 그림자 까맣게 드리운다

신새벽 선한 바람 따라 온
꽃향기 쫓으며 얼른 나서지만
다시 미로에 선 미아처럼
서성이는 젖은 발자욱만 무성타

N번차 데칼코마니

호수면 위를 아스라이 긋던
쌍 잠자리 날갯짓에 잔 파문 일고
예정된 약속이었던지
두 검지 끝이 가리키던 정지된 순간

새끼 오리 서툰 자맥질에
안타까워 바라본 하늘은
오늘처럼 높고 푸르렀었다

함께 지어 올렸던 이상은 이제 수면 아래 잠기고
피난살이 마음은 실향민처럼 떠돌아도
여즉 물가를 맴도는 가면 쓴 곡예사

각기 다른 염색체를 공유하며
운명이란 언덕을 나란히 오르고
각기 다른 마음이어도
같은 곳을 바라본다면
닮지 않았던 들 어떠랴

고난을 이불처럼 덮어쓰고
닥쳐오는 고통에 추해질지언정
모진 시련 뒤에 찾아온 가을이니
좀 더 너그러워질 수 있기를……

청모과

푸르고 파랗다는 건
아직은 가야 할 길 멀어
설익고 낯설 일 많다는 것

노랗고 바알갛다는 건
생소한 얼굴로 다가온 그 무엇이
세련되게 낯익어 제 모습 찾는다는 것

맑은 가을의 초입에 서면 푸른 자연이 익어가기 시작한다

매일 맞는 아침이 상큼해
젖었던 시야는 오래도록 시원하고
깨끗하고 풍성한 하늘처럼
속내 비추는 거울도 말갛게 익어가고

주저리주저리 우울해 눈이 매워도
고비고비 인간힘으로 넘어왔으니
곱게 떨어져 돌아가는 낙엽처럼
시린 마음에 든 양지 녘 햇살처럼
풋풋했던 계절 그리워하며
노랗고 노란 향기 그윽할 날 있겠지

송사리

작은 물풀의 미세한 떨림에도
소금쟁이가 띄운 동그란 파문에도
징검돌 사이 오르내리며 쏜살같이 산개하는 움직임들
움직이는 것은 살아있음이다

청둥오리의 빈틈없는 갈퀴와
왜가리의 날카로운 부리,
가마우지의 매서운 눈매를 피해
살아남는 법은 오롯이 소심한 신속성
빠른 것은 피할 수 없는 본능이다

집채만 한 잉어처럼 깊은 물 여유로이 유영할 수 없어,
최고의 상책인 줄행랑은
누가 가르치지 않아도 깨우치는 지혜
살아남는 것이 이기는 길이다

얕은 개울 속 저무는 가을은
호기로운 민첩으로 풍요롭고
시나브로 닥쳐올 혹독한 시간을 위해
지느러미 근육이 부지런히 크는 계절
송사리는 살찌고 하늘은 높이 흐르고

공중전화기

걸까말까 서성이던 마음
망설임은 손끝으로 전해지고
어깨 위 수화기는 천근만근
머릿속에 새긴 번호는 또렷한데
숫자 돌릴 때마다
머리도 따라 돌고
손가락 마디마디에 일던 작은 경련들

콩닥콩닥 뛰는 가슴 억누르고
회전 다이얼이 아홉 번 돌아가면
전화선을 따라가는 뛰는 감정과
상대방의 마음 두드리는 신호음,
마저 울리기도 전에 내려놓은 전화기
툭 끊어졌던 차가운 신경 줄

그 골목 어귀의 공중전화기는
이제 내 손 안으로 들어오고
시시때때로 울리고 끊어지며
오가는 신호음에 무덤덤해졌지만
발길 붙드는 그 옛날 공중전화기에는
설레임과 망설임이 아직 묻어 있다

실내 선인장

덧씌운 시간 마냥 모래바람 사각여도
전신에 솟아난 촉각 곤두세워
언덕 위를 향해 뻗고 또 내딛던 본능

만지면 바스러질 듯 야윈 몸뚱이
한 점 물방울이어도
온몸으로 받아내고 지키면
모래 먼지 적시는 고마운 은총 같은 것

비바람 긋는 안온의 공간이어도
낯선 이국땅을 맨발로 건너와
하얀 곁눈질에 움츠러들고
푸른 곁눈질에 숨어들다가
색바랜 얼굴로 시름시름 몸 지거늘

건조한 서남풍에 실려 온 쏟아지는 햇살에 눈 기울이다
명절 앞둔 초심의 감성에
눈시울 붉히던 관람객은 눈물 한 방울 툭 떨구고
예민해진 선인장은 가시눈 흘기고

넷째 장

장마, 그대가 긋는 그리움은 평행선

맥문동

모질게 엉킨 인연으로 만나
누추한 타인처럼 낯설었던 너를
허투로 바라볼 때만 해도
알지 못했다, 끊기지 않는 인연 될 줄

비 온 뒤 죽순처럼 멋쩍게 오르다
느닷없이 활짝 피어나는 삶이야
잘 닦인 고속 주행로겠지만
가지 않았다, 내 길 아닌 줄 알아

늦가을의 쓸쓸한 바람에 쓸리는
뒷골목에 나뒹굴던 낙엽처럼
사정없이 내팽개쳐진 뒤에도
내 인연 아니라며 잡지 못했다

그 계절은 다시 또 돌아오고
나는 또 너를 그리워하겠지만
맥문동 멍든 꽃잎처럼
무심히 살고프다, 모른 척 외면하며

그럴 수만 있다면……

나팔꽃

늦게 철든 매미 소리
여즉 흐드러지고
가을은 첫 새벽 별 보며 찾는데
미련 없이 떠날 때를 아는
한여름 푸르던 잎이 먼저 알고 떠난다

아누비스** 기다리는
푸른 언덕 지쳐 오르는
계단 하나 올라섰을 뿐인데
계절은 이방인 되어 헛돌고
상념 뭉치 몇 점은 흐린 하늘로 흐르고

빈손으로 온 갈바람에 입 벌려
무엇을 소리쳐 보내려는지
까만 속, 모조리 다 들어내고
하얗게 멍들어갈 나팔꽃
송이송이 저리 곰기만 한 걸

**아누비스 : 고대 이집트에서 숭앙된 장례식의 수호신이자 죽은 자를 사후세계로 인도하는 길잡이 신. (위키백과)

귀로 歸路

샛바람 따라 텅 빈 욕구로 온 길
애초에 내가 떠나왔던 곳이니
고향처럼 아늑한 마음이리라
사는 일이 제 궁금한 질문에 대한
답을 찾으러 다니는 방황이었다면
돌아가는 길이란 그럴 게다
목숨 긴 예술이 되고자 했던 인간의 길

말끔히 지워져 버려도
있기나 했었던지 기억조차 못 하는,
삶에 무슨 귀천 따지며 살까
억울하고 저주할 일 많아도
순진무구의 순수로 가는 길에
메꽃 몇 송이 피면 이리 좋은 것을
허공에 모진 세월 묶어둘 일 있으랴

갈바람은 나뭇잎에 스러지며
짧은 비문 한 줄 바닥에 새기고
바삭이는 사람들에 밟히며
발치의 악평에도 웃음 보일 터

그것만으로 족하지 아니한가
눈 떠 버텨온 세월 짧지 않으니
숱한 미련도 날 쫓아오며
부질없는 뒤끝 거두어들이겠지

우체국 앞에서

갈 곳 정해진
저 많은 사연 틈에
내 젖은 사연 하나도 끼워 넣을까

잠시 행복한 상상을 하다,
가는 곳 적어넣지 못해 부치지 못하는 사연
벌써 몇 번째 회항인지
사연은 속 시원히 날지 못하고
헤진 봉투 같은 헐거워진 마음속에
누가 볼세라 서둘러 담겨진다

햇볕 닿지 않는 속주머니보다
더 깊숙한 어두운 그늘에서
오래된 사연은
부스럭거리며 닳아가고……

옛날 팥빙수

눈꽃에, 인절미에 물 건너온 과일들
초콜릿에, 아이스크림에 바삭바삭한 플레이크까지
많고 많은 토핑 올려진 빙수들 사이
용케 눈에 들어온 옛날 팥빙수

남포동에서 세발차로 실어 온 키 높이 무쇠 빙수기가 들어온 뒤
젊은 아버지는 밤새 팥을 저었다
왕구슬만 한 땀방울 뚝뚝 흘리며 연탄 화덕과 가마솥을 떠나지 않았다

방과후 여학생의 쳐진 발길 붙드는,
학교 앞 잡화점의 여름철 별미
젊은 아버지의 땀방울처럼 동글고
햇볕에 그을린 팔뚝처럼 붉은 달콤한 팥알 앙금이 얼음 위로 올랐다

투박한 기계에 투박하게 갈린 얼음
초라한 투명 플라스틱 그릇에 담긴 아버지의 투박한 웃음
다시는 먹어볼 수 없는,
볼품없던 그 옛날의 팥빙수

소나기가 있는 풍경

사자후 보다 맹렬한 폭염, 잠시 숨고르기 하는 틈새
벼락 따라온 먹구름은 사나운 빗줄기 한 웅큼 왈칵 쏟아내고
들판 가로질러 쏜살같이 달아난다

놀란 백일홍 얼굴이 벌겋게 달고
주춤한 일개미 젖은 풀 잎새를 휘젓고
업보가 많아 겁쟁이가 된 나는
내게 오는 형벌인가 어깨 움츠리고
어둑한 한밤중 같은 하늘 보며
어서 지나가라, 실눈에 주문을 외운다

돌아보면 머리에 쌓인 눈 소복한데
집이 있어도 쉴 곳 없으니
고단한 수행자와 같고
뿌리 없고 꼭지조차 없으니
형체 없는 구름과 다를 바 없고
일생을 행복하렸던 꿈 부질없어
한 줌 흙으로 날리려니
소나기는 소나기요, 끝이 보이는 것을

한바탕 소나기에 묶이고 젖은 발길
꿈인 듯, 꿈같은 꿈을 꾸는
소나기가 가져다준 잠깐의 여유
서두르는 마음, 가던 길 재촉하니
멀리서 낯익은 햇살이 달려오고 있다

소금빵

어둠 가시는 정원의 새 볕이 통창의 밝음으로 스며들고
수정알 같은 소금 알갱이도 녹아
변주로 밴 버터가 익는 고소함
코를 쫑긋거리게 하는 빵 굽는 냄새다

손에 쥔 소금빵 한입 베어 물면
와르르 혀끝에 스며드는 짭조름
소금 한 알 얻기 위해
온몸으로 땡볕 맞는 염전의 땀방울과
소금 같은 사람들이 녹아든다

소금빵에 환호하는 까닭은
부푼 옷을 입는 선택적 권익과
부패를 질타하는 마음은 아니겠지만
밋밋하지 않은 것만으로 충분하고
단짠의 바삭함은 최고의 조합이다

뿌려지는 소금에 아파하는
치댄 밀가루 반죽이 부풀어 오르고
새 날에 새로 구워지는 오븐 속 맛있는 상상이
소금빵의 풍미를 덧씌우고 있다

창밖의 세상

투명한 창 하나를 사이에 두고
나뉘어버린 안과 밖
함께 바라보는 바깥세상에는
너와 나, 우리를 빼고
나머지 모두가 다 있습니다

노을 지는 검붉은 저녁
태양 감싸안은 별보다 빛나는 것들이
말로는 표현할 수 없는 언어들이
글로는 설명할 수 없는 문장들이
어둠과 함께 누워
한편이 되었습니다

하지만 우리 서로는 압니다
창밖 아름다운 세상도
너와 나, 우리가 없으면
이미 존재할 수 없음을
너와 나만큼 듣고 싶은 언어도
너와 나만큼 아름다운 문장도 없음을

처서를 기다리며

숨소리 여린 풀벌레 한 마리
밤새 굽이진 풀숲 헤치며
허리 숙여 바람 한 점 실어 옵니다

누가 보내 주었을까요
계곡의 가장 낮은 곳을 골라
사뿐사뿐 걸음 옮기던 냇물이 졸망졸망 인사하는 실개천
쇠백로도 머리 조아립니다

계절은 소리 없이 지나고
무심한 듯 시크하게 찾아오는데
투정 부리는 쪽은 늘 조바심 많은 사람입니다

누가 뭐라 하지 않아도
잎새는 가을바람에 흔들리며 질 터
가만히 서 있는 나무, 흔드는
조급증이 자꾸 선을 넘으려 합니다

둘러보아도 찾을 수 없는
갈바람은 어디서 불어오는 건지

그 임은 잘 오시고 있을까요

에스프레소의 변신

매끄럽고 하얀 겉 표면
깜찍한 불투명 데미타세에 담겨 숨죽이고 숨으면
아무도 알 수 없다, 그 시커먼 속을

알 듯 모를 듯 얇게 퍼지는 향과
미지의 용두섬에 피어오른 안개 마냥
신비롭게 떠오르는 크레마에
환호하는 사람도 있다

가면의 입자가 치밀할수록
가하는 압력이 커질수록
뽑아내는 눈물 또한 많아지니
검은 욕심은 더 커져만 가고

이국의 고속도로에서 맛본
룽고의 뒷맛처럼
씁쓸함이 팽배한 세상에
병든 패잔병의 저항은 믿음을 잃고
속 끓는 이의 병은 깊어져 가고……

곁눈질

마른 빗줄기에 곁눈질하는
작은 마음을 가진 사람, 있었다

사랑이란 것
뜨겁게 왔다가
어설프게 머뭇거리다,
싱겁게 지나가는 것이라면
애초부터 잘못이었다

곁눈질은
사랑이 아니란 걸,
마주 보지 않으면
바로 볼 수 없다는 걸
외면하고 있었다

내 삶이라 불리는 것도 그랬나 보다

폭염의 그림자

찜통 무더위 속 한 걸음은 천 근이요
밤새 뒤척이다 일으키는 몸은 만 근
씻자마자 흐르는 땀은 한 바가지요
텃밭 이랑에 흩뿌린 땀방울은 한 동이
길어지는 폭염에
여기저기 원성이 쏟아진다

땅의 귀뚜라미 등에 업혀 오고
하늘 뭉게구름 뱃머리 타고 오는,
가을날의 첫서리는
이토록 무겁게
이렇게 땀 흘리면서
싫은 소리 들어가며 어렵게 오고 있다

연결고리

작은 아이가 큰 아이 되고
어려운 일이 쉬운 일 되게
은인처럼 부모처럼
미주 내밀어주던 따스한 손처럼
이편에서 저편으로
크지 않아도 티 나지 않아도
서로를 붙잡아주던 구심점처럼

서로 간의 필요에 따라
꽉 붙들면 굳센 약속이 되고
손 놓으면 헛된 배신이 되는,
속임 없이 비춰주는 투명유리처럼

믿음과 신뢰가 쌓이고 커지면
네게 기댈 수 있고 내게 의지할 수 있어
서로의 심장과 연결되는 생명줄 같은,

연결고리의 한쪽과 다른 한쪽
그게 나였으면 좋겠고
그게 너였으면 좋겠다

선풍기

발밑 언저리에서
여름 모기 쫓으며 밤새 윙윙윙

이 빌어먹을 폭염을
온 얼굴로 맞으면서도

햇볕 쨍쨍한 한낮
낮잠도 없이 쉴 새도 없이

참말로
열심히도 돌아간다

한결같은 부지런함은
일감 놓지 않는 일개미 같고
검소한 살뜰함은
없는 댁 살림 일구는 복덩이 같아
돌고 도는 큰 얼굴 쫓아다니며
여름 한 철 난 너의 껍딱지가 된다

책방에 가는 까닭

눈에 밟힌 글자들이
꼿꼿한 잔디처럼 상체를 세우고
소리로, 냄새로, 맛으로 내 몸 깊숙이 들어와 박힌다

책방의 그 많은 책 중에 나와 정면으로 눈맞춤한 책들
내 손을 잡고 집에 오는 동안
나처럼 그들 역시 설레었겠지

책상 위에서 혹은 선반에서
이제나, 저제나 사랑스런 두 눈으로 바라봐줄 나를
아마 저들도 기다려왔을 터다

책 속 글자들은 저들만의 재주로
깊은 속내로 숨어든 감성을 불러내고
바닥에 가라앉은 자존감을 북돋우며
내 안의 공허함을 채워 주었다

좋은 사람과 함께하면 그렇듯이
좋은 책 한 권 손에 쥐면
이 무더위의 시간도 순식간이니
이유는 이미 충분하지 않은가
내가 다시 책방으로 달려가는 까닭

괜찮은 겁니다

매일 보는 익숙한 거리와 지하철
매일 오다니는 직장을 오가고
매일 비슷한 시간에 집으로 돌아와
어제처럼 저녁밥을 먹는 것, 괜찮은 겁니다

새로울 게 없는 일상이지만
매일 다니는 산책길을 지나다가도
새로 돋아난 풀잎에 반갑게 눈 맞출 수 있다면
매일 한 번은 갈아타는 지하철에서 내려
조금 먼 길 걸으며 옛 추억에 잠길 수 있다면
매일 보는 직장 동료와 만난 카페에서
먼저 퇴사한 동료가 생각나 안부 차 웃으며 전화할 수 있다면
매일 먹는 저녁상을 차리려다 말고
엄마가 늘 해주던 밑반찬이 그리워 눈가에 눈물 몇 방울 적실 수 있다면

모두 그렇게 재미난 일만 있지 않아도
가끔씩 새로운 것 하나
가끔씩 그리운 것 하나
가끔씩 보고픈 것 하나
같이할 수 있다면 괜찮은 겁니다
모두 그렇게 살아있는 것처럼 살면 괜찮게 사는 겁니다

비고열위

아침나절 손에 잡힌 책 한 권
마음 가고 신경 쓰이는 일처럼
한 구절 문장에 흩어지는 생각들
이리 치이고 저리 흔들리다,
책상 위를 도망치듯 벗어나고

농익은 예가체프 시린 체리 향에
마음 깊숙이 들어온 사람처럼
문장 마디마다 맺히는 동그란 울림들
이리 구르고 저리 잠기다,
사그라진 의욕에 찻잔마저 식어가고

시집 한 권과 함께하는 주말의 여유로움이
뒹굴거리는 방바닥에 놓였다가
리모컨 속 화려한 컨텐츠에 묻히며
한나절 내내 한 페이지를 못 넘기고

책 속에서 만난 한 세상이
솟구치는 주말 감정처럼 오르내리다
두터운 책 꺼풀에 덮여 기어이 낮잠에 빠져든다

태양을 가리며

장마를 핑계로 시냇물만 흐르랴
강물보다 낮은 음습한 지하방에서
구름보다 낮은 척박한 산동네에서
하늘 무너지듯 설움도 흐르고
모진 태양 비 내리는 날에
방패처럼 양산을 펼치는 사람들

두 바퀴로 속도를 붙이는 건
쓰러지지 않기 위한 최소한의 저항
텅 빈 맨손으로 나선 길
동전 몇 닢이나마 쥐기 위해서는
제자리 뛰기가 아닌,
적자의 속도보다 빨라야 한다

무너뜨리지 못할 하늘이라면
손바닥 높이 들어 태양을 지우고
무너지는 태양을 떠받들지 못할 바에야
빈 몸일지라도
강물처럼 도도히 흐를 수 있게
원시의 횃불 높이 치켜들어야 한다

태양을 가리는 것은
가혹한 장마 구름이 아닌,
너와 나 사이에 가로놓여진
건널 수 없는 바다 같은 것
죽음을 두려워하지 않는 것이
어찌 본능과 가난뿐이었으랴

메밀 막국수

또각또각 미련 없이 잘리는 단어들처럼
먼 옛날의 너에 관한 생각도
다 쏟아붓고 흘러간 먹구름처럼
말끔히 끊어낼 수 있다면

달 여울 은은히 흐르던 언덕
점멸등처럼 깜박이던 허공에서 반딧불이 유영을 멈추고
화사한 메밀꽃이 숨죽이는 어둠 속
내 눈은 멀어져가는 네 시선을 쫓고
그렇게 메밀꽃은 스러져가고

매미 소리 울창히 왔다 잦아들 때까지
억척스레 달라붙는 끈적거림처럼
한바탕 소나기에 씻어내고
쨍쨍한 햇살 아래 지울 듯 말려봐도 어김없이 찾아오는 너

그 여름 피서지에서 그랬듯
모진 정 끊어내기는 제격이라는
막국수 한 젓가락 집어 들며
차갑게 뚝뚝 끊어지는 면을 곱씹듯
아련했던 그 시절의 이별을 읽는다

거짓말

허공에 흘려보낸 오늘의 말들이
저문 어둠 속에서 아쉬운 발길 돌리고
그 말들을 주워 담지 못해 나는 길고 긴 핑계처럼 반성문을 쓴다

원하던 목적지에 도착한 말들은 얼마나 될까
내 말을 받아 든 사람들은 얼마나 세세히 들여다보았을까
내가 숨겨둔 표정들을 사람들은 찾아냈을까

진심만으로도 닿지 못할 말들에
어떤 때는 옷을 입히고
어떤 경우는 화장을 하고
어떤 시간엔 눈물을 보탰었다

뒤돌아서면 하얘질 빈 그림자는 키높이 구두를 신고
내가 쉽게 뱉은 말들은 맥문동 꽃잎처럼 멍들어 간다

떠나는 말들에 쉽게 배웅할 수 있다면
남지 않은 미련은 강물 되어 흘렀을 터
얼기설기 엮어내는 거짓이었으니 막힌 체증은 이리도 꽁꽁 동여맸 겠지

목 넘김이 좋다는 부드러운 블렌딩이 자꾸만 목에 걸려 멈추고
쓰디쓴 인내만큼이나 싸구려 감정이 녹슬고 있다

토마토

서툰 손놀림에 순진한 보살핌으로
가지만 무성했던 지난날의 실패
솎아내어야만 살 것은 삶을
잘라내어야만 집중할 수 있음을
수확의 꿈은 가슴 조림임을 알게 되고

서슬 퍼런 전지 날의 가지치기도
혹독한 장마의 물 폭탄도 잘 버티고
가녀린 줄만 알았던 줄기에
마음 써온 시간에 대한 보상인 양
어느새 주렁주렁 영근 결실들

흐뭇하고 고마운 마음에 까치밥 하나 툭 던져놓고
나눔으로 배불러 할 흐뭇함과
넘치는 광주리의 만끽감에 도취해
민밍한 미음, 붉게 익어가고

토실한 살점 마냥, 부풀어 오르며
계절은 폭염을 향해 치닫지만
시련 깊어질수록 그 끝이 머잖았으니
저 토마토가 그랬던 것처럼
가슴에 인내의 결실을 품어 본다

두물머리에서

꿈은 어디든 날 수 있지만
현생의 신발은 배낭 무게보다 무겁다

접히어진 마음만큼 아스팔트도 주름져
기우는 그림자에 느려지는 걸음걸이
두물머리 모이는 두 강이 겸허히 두 손을 모은다

굽이진 일만 이천 금강에서 달려오고
금대봉 검룡못에서 솟구쳐
예정된 운명으로 만날 일이야
그러려니 하고 치부하겠지만
갈라 넘기는 고희의 백발 설움도 품었다

무거운 짐 있을 때는
두물머리 머리맡에 서보라

살아온 세월 지탱해 온 역사도
남겨진 시간 짊어지고 갈 회한도
사백 년 느티목 아래 굽이치는 큰물도
거슬러 오르다 보면
졸졸대는 옹달샘, 옹졸한 물방울 하나

아무리 거친 마음이어도
아리게 새겨진 아픔이어도
소쩍새 발톱 하나 적실 수 없는
오물덩이 한 줌인 것을
큰물에 발 담그면 그뿐인 것을

잠시 머물렀다 가라는 댐의 품 안에서
평화로운 일탈로 큰 호흡 들이키고
두물머리에 굳게 발 딛으면
내 안의 짐도 툴툴 흘러가고
마주하는 석양도 곱게 웃어준다

목백일홍

쉬어가는 별 아래 반짝이던 잔설처럼
징한 무더위에 녹아내린 꽃잎들
빛나던 시절은 모두 저물었지만
녹음 우거진 가로수길 모퉁이에
뭇시선 잡아끄는 배롱나무 한 그루

연분홍으로 시작하는 사랑은
모호한 방임과 질곡을 반복하며
짙어져 가는 원숙미로 돋아나고
진홍의 붉은 입술 물들이며
밤하늘을 울리는 사랑의 찬가 같다

꽃보다 아름다운 사람들은 평화를 사랑하였으니
혹독한 형구, 늦게라도 벗어제끼고
무더운 계절 지나는 보상 마냥
이처럼 뜻밖의 부귀를 누릴 수 있으리

예쁘게 단장한 한 계절의 나무로
지나온 세월 간즈름으로 긁어내고
무수의 잎 흔들며 오랫동안 있어 다오
힘차게 자라난 새 가지 끝의 희망을
하얗게 붉게 마음껏 자랑하려무나

고지서

노란 봉투에 앞서 밀려드는 고지서 중에는 수취인의 눈치를 보는 땀 냄새 진득한 것들이 있다

빽빽이 올라가는 공동주택이라는 이름의 건물더미들과 그 속에 얹혀살며 다듬고 돌보고 때 빼는 사람들, 분리하고 통제하고 기름치는 사람들

경비원의 땀 찬 눈물 한 방울, 청소원의 머리 위에 쌓이는 먼지 한 톨, 보일러공의 기름때 절은 장갑 한 켤레의 수고가,
숱한 구박과 모욕들이 숫자로 환생하고
숫자는 다시 잉크가 되어 고지서에 박혀 있다

고지서 앞에 나와 고개를 숙이고
고지서 뒤에 숨어 얼굴 없이 사는,
나이 들며 작아져 가고
종이가 되어 폐지로 버려지는,
태움으로 하늘의 날개를 짓는 사람들이 있다

민주라는 명사와 공화라는 단어가 조금씩 조금씩 제 색깔을 잃어가다,
결국은 무색해진 숱한 글자들이 고지서로 들어와 박힌다

나이 듦이란

낡은 소파에 눈길이 가고
삐그덕대는 의자에 애착이 생기는 것

지나간 추억들이 자꾸만 되돌아와
데자뷔처럼 맞닥뜨리는 것

살아갈 날이 산 날보다 짧다며
거리낌 없는 시간에 자유로워지는 것

후회하지 않을 만큼만 가보자며
타협하거나 적응할 줄 아는 것

숫자나 낯선 시선에 얽매이지 않고
자신의 깊이를 들여다볼 수 있는 것

그런데 아시나요
구차하게 열거한 이런 일들은
나이 들어서도 쉽게 알 수 없다는 것
조숙하거나 노숙하거나
익어가는 나이는 따로 있다는 것

고독에 대한 단상

남겨진 빨랫감 마냥
비껴난 화살 마냥
외떨어진 기러기 마냥
신경 쓰이고 쑥스럽고 쓸쓸하다는 것
아무도 찾지 않는 들꽃 마냥
봐주는 이 하나 없어 외롭다는 것

고독이란 불현듯 왔다가
애간장 도려내는 그런 것이겠지만
그대도 나처럼 그럴 것이라, 생각하니
안쓰러움이 목구멍에 차오르지만

고독이란 때로는
서로가 먼 길 돌고 돌아 언젠가는
내 곁으로 올 그대만을 생각하는,
오롯이 그대에게 집중할 빈 여백이 되어
오히려 고마운 생각이 드는 것

꽃잎 진다고

해넘이 있어 돋는 해 있건만
꽃잎 진다고 눈물 떨구다니요
흐르는 강물이어야 바다에 닿건만
흐린 구름이 하늘 가린다고
가야 할 길 멈추다니요

바람 한 점 없어도
잔뿌리는 제 살길 찾아 손을 내뻗고
어두컴컴한 암흑 속이어도
씨눈은 목숨 같은 물길 찾아
새싹을 안간힘으로 밀어 올립니다

닥친 설움이 꽃잎 가린다고
나래 접는 벌 나비가 있을까요
가는 길 멀어도
횃대에 지친 날개 잠시 쉬어가며
저어 저어 언젠가는 닿겠지요

아포리즘이 아니어도 세상은 덜렁덜렁 잘도 가더이다
꽃잎 진다고 눈물 떨구다니요

젖어도 꽃잎

비 젖은 청풍이 구름 쫓아 오르고
오색 무지개인 듯 회전날개 편 꽃잎
들판 위를 노닐다 날다,
높다란 오름 바위 턱에 걸려
지친 바람이 앉은 곳에
돋친 나래를 슬며시 접었습니다

장마는 의도치 않았겠지만
키 낮은 마을에는 근심이 넘쳐
움푹 패인 웅덩이에 상처가 고이고
고인 빗물 위에 그렸다 지우며
다시 만들어지는 파문들에
슬그머니 상념 하나도 맺힙니다

길가 패랭이꽃이 머리를 풀고
통유리 결 따라 빗물 내리는 창이 있는,
로즈마리향 은은히 흐르는 정원
거기 젖은 채로 그대가 있었지요
아무렇게나 놓여있어도 돋보이는
꽃잎은 환한 미소가 좋습니다

그러고 보니
그대는 우산도 없이 빗속으로 걸어가
온몸으로 빗물 머금은
들꽃이 되었나 봅니다
우연처럼 내게로 찾아왔던 그대
길어지는 장마에 깊이깊이 젖어 듭니다

강아지풀꽃

명주실 같은 목숨 씨, 날줄로 엮으며
저다운 꽃 피우는 척박한 봄날의 민들레처럼
한여름 보도블록 좁은 틈새는
온통 푸릇한 구미초 차지다

기약할 수 없는 후생이어도
꼬리 내리며 순응할 줄 알고
모나지 않은 말간 보름달 같아
심술궂은 이의 손길도 마다치 않는,
오가는 바람 살갑게 맞아주는 들풀

오래 버티며 추해지는 삶은 애초에 바라지도 않아
강아지 꼬리 마냥 흔들리며 살고
화려하지 않아도
수수꽃이면 그래도 살 만 하다며
비바람에 지켜내는 뿌리
짓밟혀도 세워내는 꽃 깃
질기디질긴 생명임을
한여름 모진 태양에 맞서 보여주는,
계절의 징검돌 같은 의젓한 파수꾼

밤비

잿빛 물안개 머금은 창밖
젖은 발자국 차박이는 소리
반가운 마음에
안달 난 눈동자, 앞서 달리고
벌컥 창문을 열면
이마에 와닿는 차가운 빗방울들

저문 어둠에 닫힌 사립문
외톨이로 애태우다 덜컹이는 소리
설레는 마음에
깜빡이던 졸음이 먼저 뛰쳐나가고
덜컥 방문을 열면
귓가 스치는 스산한 비바람 몇 줌

비에 젖어 무거워진 그리움은
빗방울이 되었다가
비바람이 되었다가
짜내고 솎아내도 빈 가슴으로 들어와
예리한 쇠 날에 베인 듯
단장 한 절 남겨놓고 떠나간다

맴맴이

발길 돌리는 교차로에서는
눈물 한 방울도 떨구지 마세요
발밑에 뒹굴어도
손가락질에 채일, 가벼운 사랑은 없어야 합니다

설움으로 짖는 게 아닙니다
기다려온 세월이 적지 않아
인내하는 마음이 작지 않아
안간힘으로 오른 나무 꼭지랍니다

허구의 시간이 공간을 다 채우고서야
이 세상은 공전을 멈춘다는 것을
시린 별들이 어둠을 지켜왔음을
지하에서 그리고 지상에서
길어진 침전은 잠시 잊으렵니다

돌아가는 회전교차로에서는
한기 서린 스산함에
절은 소리 하나 뱉을 수 없습니다

잠시 장맛비 물러난 막간이지만
무성함 지나 허무의 발길 돌리기 전
마지막 외침으로 부르는 임이기에
목청껏 아니,
목구멍 터져나가도
이 계절 다 지나기 전에
마저 울어야겠습니다.

채색의 계절

누군가를 기다린다는 건
불 꺼진 창처럼 그리움이 까맣다는 것
숯덩이보다 더 까맣게 제 속을 태우고 있다는 것

무엇인가를 기다린다는 건
저무는 노을처럼 그리움이 붉다는 것
노을보다 더 붉게 제 속을 물들이고 있다는 것

기다린다고 다 내게 오지는 않아
까맣게 혹은 붉게
그리움에 색깔을 입히면
가슴 속은 타들고 물들어,

이런 그리움이라면 차라리
푸르고 파랗게 하늘처럼 바다처럼
여름에 찾아오면 좋겠다
제 맘에 온전히 들 때까지
구름처럼 바람처럼 파도처럼
지우고 또 그리며 색칠할 수 있도록

장마, 빨래

발끝부터 머리끝까지
종일 수고한 나의 흔적들
나의 체취와 궤적들이 지워지고 있다
보이지 않아도 기어이 떠오를 태양과
내일, 다시 젖을 광장에 나서도 좋겠다

지워지지 않고 남는
깊은 멍 자국들, 슬픈 멍울들은
부드러운 손길로 보듬고 다독이며
더 강하고 더 굳세게
내게로 올 상처에 맞서도 좋겠다

시냇가 빨래터에 흐르는
청춘들의 한숨 소리
어른들의 걱정 소리
빨래통에서 세제처럼 녹아들고
빨래들이 격렬한 삼바 춤을 춘다

아해들의 물장구에 인 구정물처럼
구겨진 흔적들이 하수구로 탈출하고
하늘을 닮은 파랗고 하얀 결정,
빨래들이 작은 요정처럼 쏟아지며
신성한 의식은 맑음으로 끝나리라
오늘의 내게 필요한 건
거짓의 먹구름과 불통의 비바람 대신
고른 햇살과 상냥한 산들바람
물러날 것은 물러나고
와야 할 것은 어서 오라

도래지 渡來地

종교 같은 믿음이
듬직한 강물처럼 흐른다면
맹목적 소망에도
쓰라린 배신이 있을까
마른 시냇물 같은 믿음에서
듬성듬성 징검돌에 덧니가 자란다

철새 같은 귀향이
빚진 의무에 퍼득이는 날갯짓이라면
너를 향한 귀로에도
어긋남이 있었을까
젖은 하늘에 영혼은 무거워지고
사각사각 지친 날개에 핑계가 자란다

낯선 종교의 불모지 같은 내게
바람 따라 흐르는 철새 같은 내게
넌 한 줄기 빛처럼 나부끼고
넌 한 가닥 횃대처럼 굳센데

홀로 떠나온 탕아의 방랑길
네가 보고파 그리워
텅 빈 들판 헤매이고
무심히 흐르는 강물 휘적이다,
혼잣말처럼 읊조리는 말
넌 나의 믿음이자 쉼터였어!

쌍 잠자리

너도 그 생각하니
나란히 비행하는 여행길
나란히 활공하는 귀향길
위로 아래로
쌍 날개 바알갛게 익어가는 노을 향해

너도 그런 꿈, 꾸니
나란히 산맥을 넘고
나란히 푸른 바다 위를 나는
낮게 또는 높게
한 날개 지치면 지탱하는 보조날개처럼

너와 나의 상념과 바램
기도하는 마음 막아서는 어둠에
차가워진 마음 휘젓는 난기류에
정신 번쩍 드는 호루라기 소리
발바닥 닿는 촉각이 앓는 소리

시기 어린 곁눈질에 머쓱한 쌍 잠자리,
퍼득이는 날갯짓으로 선회하다
해그림자 뒤로 쏜살같이 달아나고
나는 서녘의 빈 들판, 덩그러니 누운 침실로 향한다

장마, 숨바꼭질

어스름 초저녁부터 날이 흐리더니
버들가지 늘어져 울고
내 마음도 홀연히 따라 울었다
너와 거닐던 호숫가엔
아직도 네 눈물 자박하고
네가 아파할까 봐
나는 걸음을 떼지 못한다

바람이라도 불라치면
자꾸만 시큰거리는 콧등
어이하라고
곁인 듯 인기척에 뒤돌아보면
하염없이 맺혔다,
파문으로 사라지는
너는 자꾸 어디로 숨는 것인지……

동네 책방

허름한 건물에 녹슨 간판
풍진 세월의 때 묻은 통창 너머로
빛바랜 백색광의 형광등 몇 개
졸다 깨다 꿈뻑이는 동네 책방
한참을 서성이며 지켜봐도
들어가는 사람도 나오는 사람도 없다

책이 어느 곳에 놓여 있든
달라질 리 없는 그 책일 테고
책방이 허름하다고
책까지 허름하겠냐만
한때는 화려한 번화가 대형서점에서
빛나는 조명 받았을 책들

흘러 흘러 동네 책방까지 이사 오며
박스에 갇혀, 포박 끈에 묶여,
창고에서 트럭에서 팽개쳐지고 타박받았을 책들
서러움에 이미 지쳤을 법한데
저만의 책장 틈새에서 환히 웃고 있다

지나는 시선들이 외면해도
누군가를 기다린다는 일,
누군가의 짝이 된다는 일은
웃을 수 있는 힘을 주나보다

누군가의 희망이 될 수도
누군가의 빛과 소금이 될 수도 있는
가지런한 책들이, 바램들이 쌓인 채 다소곳이 웃고 있다

장마, 기다림

장마 지나는 능선 위 허공은
이것저것 가리지 않는 잡탕 얼굴
어디로 튈지, 알 수 없는 흑운은
검은 속내를 깊숙이 감춘 채
전선을 오르내리며 공습을 저울질인데

무소식이 희소식이란 말은 새까만 거짓이었다

그리운 마음 들키고 싶지 않아
벅차오르는 자신을 기망하고
위로받으려는 위선의 가면이었다
기다리는 자를 배려하지 않은
허울 좋은 가스라이팅이었다

대기의 강은 반도를 향해 흐르고
가끔 무딘 가슴으로 찾아주던 그대
그리움도 흘러 내게 와줄까, 강둑을 향하지만
기다리는 소식은 깜깜하고
속절없는 호우주의보만 날아든다
그대 안녕하신지?

장마, 둘

푸릇푸릇 영근 매실이 홀연히 고향 집을 떠나는 날
매림梅霖이 후두둑 왔다가 순순한 매화 꽃잎처럼 물러났다

텃밭 담벼락을 기어이 오르며
노랗게 호박꽃 피워내는 줄기의 생명력
여린 손아귀의 억센 집착도 장대비에 놀랐던지 잠시 주춤하고

널따란 잎에 올라 살림이라도 차릴 양
청개구리 한 마리 목청 가다듬는데
물길 끊긴 지 오래였던, 낮은 계곡에선
도깨비 여울 건너는 소리 요란타

내내 신경 곤두섰던 오이도 가지도
호박 꽃잎이 비바람에 고개 떨구니
굵은 팔뚝을 수줍게 드러내며 이제사 마른 기지개를 켠다

구우久雨에 미장쟁이는 휴가 떠난 지 오래
가뭄을 걱정하던 철없는 농부는
장마진 남녘 하늘을 뒤늦게 쳐다보며
코 앞의 홍수를 눈으로만 걱정한다

냉장고가 있는 집

아무런 기다림조차 없는 집
누구의 소리도 빠져나오지 않는 집
그 집의 문을 열면
차가운 냉기 한 웅큼이 새어 나온다

빠져버린 타이어 바람처럼
쭈그러진 집의 온기는
냉장고 돌아가며 내뿜는 한숨
무표정의 배우가 연기하는 흑백텔레비전의 콧바람 기운
덜거덕거리는 세탁기의 회전 열 뿐,
어느새 기계들의 온기는 소리가 된다

암실처럼 드리워진 커튼에는
현상 후의 색바랜 필름이 걸렸고
골조만 덩그러니 남은 집에는
짖지 않는 셰퍼드 한 마리
의미 없는 눈짓으로 매끼 밥을 주문하지만
냉장고는 비었고 채워 넣는 이는 없다

약간의 기대와 긴장으로 들어섰지만
남은 형기를 채우지 못하면
훌쩍 떠나지도 못하는 살 없는 감옥
냉기만 남아 텅 빈 그 집에는
울지 않아 번역기가 필요 없는,
벼슬 빠진 셰퍼드 한 마리
웅웅대는 냉장고 문 앞을 서성인다

의자 중독

언젠가부터 시작된 나의 일상은
빈 의자를 찾아다니는 여행
아니, 새 의자를 찾아 헌 의자를 내주는
밀려나는 불명예 여정의 연속

보행기에서 학교, 사무실 의자로
또는 카페나 그늘진 쉼터의 빈 의자로
나의 자리를 찾고 또 찾으며
경쟁하고 어긋나며 눈치 보는 하루하루들

관심과 대상이 쉼 없이 바뀌어도
사람보다 더 많은 의자를 가진,
의자의 시대에도 새 의자를 찾지 못해
눈동자 떨리는 조급증이 도져 병이 되었다

의자라는 사물이 없었던 원시의 시대를 동경하며
인간이 낳은 의자에 배신당한 인간의 아픔을
의자에 앉아 쓰고 있는
나는 의자 도착 중독증 환자다

메추리알 감자

조랑말 등짝만 한 밭떼기에서 하지를 지나 하지감자를 캔다

꼬박 백일의 기다림 끝에 맞는 감자알들과의 만남
대학 시절 첫 미팅보다 더 가슴 조리고, 구수한 흙 내음을 품은 알들이 줄기에 매달려 주렁주렁 딸려 나오고
살살 뒤적이는 호미질이 감칠 나면
장갑 낀 두 손을 흙더미에 쑤셔 넣어 수색 작전처럼 샅샅이 찾아낸다

어두컴컴한 갱도를 온종일 헤쳐
금덩이를 캐내는 일이,
일백일의 정성 기도 뒤에 얻는 결실이
이런 기쁨이었을까

심술궂은 세상사가 으레 그렇듯
감자를 캐는 단순한 일에도
실패한 첫 미팅 같은 안타까움이 있다
싹을 틔우지 못해 땅속에서 유물 잔해로 나오는 감자알
메추리알보다 작은 미완성의 작품으로 나오는 감자알
소쿠리에 담을 수도,
텅 빈 흙무덤에 놔두고 갈 수도 없는,
없어도 좋을 성가신 아픔이다

땡볕을 고스란히 받은 메추리알 감자에 문득 한 얼굴이 맺힌다
밤낮으로 버려진 돌산 일구어 거친 밭에 씨감자 심고
물지게 분뇨 지게에 어깨 성할 날 없던,
가슴까지 타들어 가는 가뭄이면 한숨이 꺼져라, 애태우던 큰 당신
까무잡잡한 그 이마 주름이 감자알마다 접혀 있다

한여름 오후의 햇볕 쏟아지는 빨랫줄에
감자알들을 치렁치렁 널어 말리고
큰 놈부터 박스에 담다, 마지막에 남겨진 메추리알 감자들
툭툭 흙을 털어내 말끔해진 알들을 빈 바구니에 담는다
누런 황금덩이가 바구니 한가득이다

달맞이꽃

밤을 사랑하는 것이 아닙니다
밤보다 징한 어둠을 사랑하는 것은
더더구나 아닙니다
내 가슴에 어둠이 쌓여
칠흑의 밤이 깊어질수록
그대의 미소가 밝아져 기쁜 나입니다

날 밝으면 떠나가는
그대에게 서운한 것이 아닙니다
어둠보다 더 어두운 낮은
얼마나 많은 상처를 안겨주던가요

그대가 보고플 때마다
송이송이 무더기로 맺히는 얼굴이
그대 떠난 언덕바지 언덕지기로
대신 환하게 웃어준다면
그대 보이지 않는다 하여도
난 정말로 정말로 괜찮습니다

등(燈), 밑을 보다

경사진 어딘가를 오른다는 일
위를 향해 올라간다는 말은
초라해도 제 발을 봐줘야 한다는 것
위가 아닌, 아래를
하늘이 아닌, 땅을 보아야 한다는 것

내려올 때도 그렇듯이
평탄 길에서는 바라볼 일 없는,
머리와 몸뚱이 제 힘껏 받쳐주는
자신의 발치를 바라보지 않으면
안전하게 오를 수 없다는 것

어두운 등잔 밑을 살피듯
외돌 징검다리 서툴게 건너듯
등(燈), 밑을 보아야 한다는 것

첫 장맛비의 단상

메마른 가슴으로 길 헤치던 토룡도
마른 손 허우적이던 허공의 풀잎도
앞으로 닥쳐올 앞날에는 걱정 없는
장맛비의 고른 나눔으로 행복한 날

산등성이 능선 따라 운무 내려와
잿빛 물감 흩뿌리다 달아나는데
빗물은 정작 낮은 발목부터 채우고
나는 밑 빠진 화분에 장맛비를 담으려 빈 배낭 들쳐 메고 마중을 나간다

살갗을 데워도 햇살 없으면 밑 빠진 독만 못함을 모르랴
그 곱던 저녁노을조차 앗아가도
장마라는 이유로,
깃발 내리고 허와 실을 꿰매던 날들
기다리는 것이 없을 때면 뿌리 없는 씨앗에 물을 준 적 많았다

이제 막 밤낮이 나란히 섰을 뿐인데
가시 하나 없는 무방비 상태로는 같이 살아갈 수가 없다며
오월 장미는 기약 없는 뒷날로 떠나고
본 장마의 깊은 수렁을 벗어나려
나는 낮은 포복으로 기어가고 있다

콩국수

한여름 뙤약볕에 온통 둘러싸인
이 열병은 어쩌란 말이냐

실가죽 벗겨지고
바윗돌에 짓이겨져
굳세던 마음 녹아내려도
활짝 웃는 네 모습 볼 수 없다면,

새카매진 속 심장으로 얼어붙고
꾸덕해진 진액으로
하얗게 흘러내려도
기다리는 네게로 가 닿을 수 없다면,

이 쫄깃한 면발은 또 어쩌란 말이냐
돌부처인 양, 또아리 틀고 앉아
가는 실눈 뜨고 짐짓 못 본 척하니,

까맣게 멍울져 빈 쭉정이만 남았는데
불볕인 듯 타들어 가는 이 마음
얼마나 더 갈아 넣어야 네 마음에 속 시원히 들어갈 수 있을까

능소화

찌는듯한 불볕인들 어떠랴
타는듯한 연옥 형벌인들 어떠랴
백일의 정성 기도로 모으는 일은
다른 꽃들이 시들고 녹는 계절, 찜통더위도 아랑곳 없어라

가다가 발병 나면 어떠랴
구중궁궐에 에워싸인들 어떠랴
임의 붉은 단심에 드는 길이라면
나의 이상은 이미 하늘을 능가하리니
어디인들 닿지 못할 곳 있으랴

뉘인 들 막을쏘냐
능히 피어야 하는 이유
기어이 가야만 하는 까닭
존재하는 생각을 세우고 눕히며 사슬처럼 내 임과 얽어매 보련다

하룻밤 꿈인들 어떠랴
뭇시선, 질투도 한 줌 바람인 걸
굳센 의지 엮어 저 담장 넘을 수 있다면
나는 가련다 임 계신 그곳까지
여윈 팔 뻗어 닿는 투지의 붉은 심장으로

밤꽃 필 무렵

무심히 지나도 눈길 잡아끄는
밤나무 지붕에 푸짐히 내린 눈꽃은
먼 산, 언저리로 오르는 한 조각 추억

녹색 군령에 부치지 못한 편지는
빨간 우체통 아래 머물다,
밤꽃향에 취해 수십 년을 맴도는데

막걸리 익어가는 밤나무 아래 위병소
발길 붙드는 초병의 시선에
가는 듯 말고 머뭇거리던 입술, 있었다

담장 너머 포천 블루스 흐르는 달밤이면
부나방 몇 마리 수줍은 듯 날개 접으며
별빛 어우러지는 밤꽃 아래로 모이고

웃자란 상추꽃이 노랗게 달빛 머금는
후드러진 내 고향 뒷동산의 6월은
온통 흰 눈 맞은 바람둥이들 천지인데

질퍽이는 장마를 목전에 둔 율목은
달아오른 꿈,
한 점 바람에 삭이며
중추에 오를 햇밤을 서둘러 잉태한다

사계의 흔적

초판 1쇄   2025년 9월 19일

지은이   정완식

펴낸곳   문학여행
발행인   고민정
주소   서울특별시 서대문구 연희로37길 77-13 402호
홈페이지   www.bookjour.com
이메일   contact@bookjour.com
전화   1600-2591
팩스   0507-517-0001
원고투고   edit@bookjour.com
출판등록   제2021-000020호

ISBN   979-11-88022-62-5 (03810)

Copyright 2025 정완식, 문학여행 All rights reserved.

본 책 내용의 전부 또는 일부를 재사용하려면 목적여하를 불문하고
반드시 출판사의 서면동의를 사전에 받아야 합니다.

잘못된 책은 구입처에서 바꿔드립니다.
저자와의 협의 하에 인지는 생략합니다.
책값은 본 책의 뒷표지 바코드 부분에 있습니다.

문학여행은 출판그룹 한국전자도서출판의 출판브랜드입니다.